O Guia Insanely Easy da Samsung S23 e S23 Ultra

COMEÇANDO COM O TELEFONE SAMSUNG SÉRIE S 2023

Scott La Counte

RIDICULOUSLY
SIMPLE BOOKS

ANAHEIM, CALIFÓRNIA

www.RidiculouslySimpleBooks.com

Copyright © 2023 por Scott La Counte.

Todos os direitos reservados. Nenhuma parte desta publicação pode ser reproduzida, distribuída ou transmitida sob qualquer forma ou por qualquer meio, incluindo fotocópia, gravação, ou outros métodos electrónicos ou mecânicos, sem a prévia autorização escrita da editora, excepto no caso de breves citações incorporadas em críticas e certas outras utilizações não comerciais permitidas pela lei dos direitos de autor.

Responsabilidade Limitada / Renúncia de Garantia. Embora os melhores esforços tenham sido utilizados na preparação deste livro, o autor e os editores não fazem representações ou garantias de qualquer tipo e não assumem qualquer tipo de responsabilidade em relação à exactidão ou integridade do conteúdo e, especificamente, o autor ou editor será considerado responsável ou responsável perante qualquer pessoa ou entidade no que respeita a qualquer perda ou danos incidentais causados ou alegadamente causados, directa ou indirectamente sem limitações, pelas informações ou programas aqui contidos. Além disso, os leitores devem estar cientes de que a Internet os sítios listados neste trabalho podem ter mudado ou desaparecido. Este trabalho é vendido com o entendimento de que o conselho dentro pode não ser adequado em todas as situações.

Marcas registadas. Quando as marcas registadas são utilizadas neste livro, isto não implica qualquer endosso ou qualquer afiliação com este livro. Quaisquer marcas comerciais (incluindo, mas não se limitando a, screenshots) utilizadas neste livro são exclusivamente utilizadas para fins editoriais e educacionais.

Aviso: Embora tenham sido feitos todos os esforços para assegurar a precisão, este livro não é endossado pela Samsung, Inc. e deve ser considerado não-oficial.

Tabela de Conteúdos

Introdução 10
Que diferença faz um telefone 13
    S22 vs S23 13
    S23 vs S23 Ultra 14
    S23 vs. iPhone 14 16
    Samsung S23 Ultra vs iPhone Pro Max 16
A Visão Geral 19
    Encontrar o seu caminho 19
    Notificações Bar 24
    Getting Around Rápido 36
        Multitarefa 39
        Zoom 41
        Rodar 42
    Barra de Bordo 43
Personalização do telefone 50
    Fazer ecrãs bonitos 51
        Acrescentar atalhos 51
        Widgets 52
        Wallpaper 56
    Papel de parede de vídeo 58
    Temas 58
    Samsung Livre 60
    Acrescentar ecrãs 61
    Configurações do ecrã inicial 62
    Uma Palavra, ou Duas, Sobre Menus 65

Telas SpLit 65

Multi-Tarefa: Vista Pop-Up 69

Gestos 69

O Fundamento... 71

Fazer chamadas 72
  Contactos... 73
  Edição de um Contacto 79
  Partilhar um Contacto... 80
  Apagar Contacto 81
  Organize-se.. 81
  Eliminar Grupo 83
  Fazer chamadas 83
  Atender e declinar chamadas.................................. 85
  Configuração do telefone 85
  Tocar Angry Birds enquanto fala com a mãe zangada . 87

Mensagens 87
  Criar / Enviar uma mensagem 87
  Ver Mensagem 97

Onde está um aplicativo para isso? 98
  Remover App 101

Direcções de condução.. 101

Live Captionem.. 108

Taxa de Actualização... 110

Partilha de Wi-Fi 112

Crianças Início 113

SmartTags 125

Internet... 133

Adicionar um e-mail Conta 133

Criar e enviar um e-mail 135

Gerir correio electrónico múltiplo Contas 135

Navegar na Internet 135

Snap It! 142

O Fundamento 143

Câmara Modos 146

Perito em bruto 155

Tom de cor na Selfie 156

Edição de fotografia s 156

Edição de Vídeos 172

Organização das suas fotografias e Vídeos 178

Recortar assunto da foto 183

Pesquisa na Galeria 183

Bitmoji 184

Indo para além 189

Ligações 191

Som s e Vibrações 193

Notificação s 194

Mostrar 195

Widget de bateria 196

Monitor de caminhadas 198

Wallpaper / Temas 198

Ecrã inicial 199

Ecrã de bloqueio 199

Esconder o conteúdo do ecrã de bloqueio 199

Rotinas 200

Chamada de Texto Bixby 201

Biometria e Segurança 202

Privacidade 202

Localização 204

Contas & Cópias de segurança 205

Google 206

Características do AdvanceD 206

Bem-estar digital e Controlo Parental 207

Cuidados com a bateria e os dispositivos 209

Apps 210

Gestão Geral 211

Acessibilidade 212

Actualização de software 213

Dicas e apoio 214

Sobre o telefone 214

Índice *216*

Sobre o Autor *219*

Introdução

Com um design elegante e moderno, o S23 ostenta características impressionantes que o vão levar ao extremo. Desde a sua câmara de alta resolução até ao seu desempenho rápido como um raio, este telefone é um trocador de jogo.

Mas o que distingue o S23 de outros smartphones no mercado? Para começar, a sua acessibilidade. O S23 tem um preço que o torna acessível a quase todos, sem comprometer a qualidade ou o desempenho. E com uma gama de características populares, é a escolha perfeita para qualquer pessoa que procure actualizar o seu jogo de smartphones.

Então, o que pode esperar deste dispositivo impressionante? Aqui vai uma espreitadela:

- Câmara impressionante de alta resolução para captar todos os momentos preciosos da vida.
- Performance rápida, para que possa utilizar todas as suas aplicações favoritas sem qualquer atraso.

- Interface intuitiva que é fácil de usar e de navegar.

- Uma gama de características populares, incluindo a capacidade de navegar na Internet, alterar as configurações do sistema, e muito mais.

E a melhor parte? Este guia abrangente cobre tudo o que precisa de saber para tirar o máximo partido do seu S23. Desde a instalação do seu telefone até à realização de chamadas, instalação de aplicações, e utilização da câmara fotográfica, temos tudo o que precisa de saber. Então, de que está à espera? Prepare-se para levar a sua experiência de smartphone para o próximo nível com o Samsung Galaxy S23.

[1]
QUE DIFERENÇA FAZ UM TELEFONE

S22 VS S23

Sei que está ansioso por saber como utilizar o telefone, mas antes de lá chegarmos, vamos fazer uma pausa e falar sobre como o S23 é diferente dos outros telefones. Começarei por falar sobre como o S23 é diferente (e semelhante) do S22.

Olhando para o S22 e S23 lado a lado, notará que são bastante semelhantes. Liga-os, e as semelhanças não param. Afinal de contas, ambos correm o mesmo software One UI 5.1. Então, porque é que as pessoas estão a actualizar? Os detalhes podem ser difíceis de notar no início, mas continuam a ser importantes.

Ambos os dispositivos suportam 5G, mas o S23 tem uma tecnologia de rede mais avançada que o pode ajudar a navegar mais rapidamente na Internet em algumas situações.

Muitos utilizadores provavelmente não notarão, mas a visualização no S23 tem uma resolução ligeiramente superior.

A câmara no S23 também fez uma ligeira melhoria tendo uma abertura melhor do que o S22.

Se a bateria é uma preocupação sua, então ficará encantado por saber que o S23 tem uma bateria ligeiramente maior e também pode carregar a velocidades mais rápidas.

S23 VS S23 ULTRA

Certo, então há algumas melhorias em relação ao S22 com o S23; mas também há vários S23 diferentes! Três para ser exacto: o S23, o S23+, e o S23 Ultra. Qual é a diferença! A diferença mais óbvia é o preço, mas há muita coisa a acontecer com o hardware dentro do dispositivo para justificar os pontos de preço mais altos.

O S23 Ultra é o maior de todos os dispositivos, e também o mais forte; enquanto o S23 e o S23 vêm ambos com um vidro durável à frente e atrás com moldura de alumínio, o S23 leva-o a um nível superior com um vidro de Gorila de grau superior.

Todos os novos dispositivos têm tecnologia de rede de ponta, mas o S23 ultra apresenta o mais abrangente - incluindo a capacidade de ligação a Wi-Fi 6e.

Tanto o S23 como o S23+ vêm com uma impressionante taxa de actualização de 60Hz, mas o Ultra desportivo deslumbra um 120Hz com HDR10+; em ecrãs mais pequenos, este ecrã de alta definição pode não ser tão impressionante, mas se quiser o melhor, o Ultra é o caminho a seguir.

Em termos de velocidade, o S23 e o S23+ têm ambos um chipset Snapdragon 7 Gen 2; o Ultra tem o chip Snapdragon 8 Gen 2 mais rápido. O Ultra tem também um CPU Octa-core.

O S23 e o S23+ têm cada um 8GB de RAM enquanto o Ultra tem 12GB de RAM; aqui é onde algumas pessoas podem preferir os dispositivos não-Ultra: eles têm a capacidade de adicionar memória através de um cartão microSD; essa opção não está disponível no Ultra.

Finalmente, a câmara - a característica que a maioria dos utilizadores procuram quando decidem actualizar. Tanto a S23 como a S23+ têm uma configuração de câmara tripla (lente larga, ultra larga e teleobjectiva) que tirará fotografias espantosas. Mas o Ultra eleva o nível oferecendo uma lente de 200 MP de largura, e uma lente teleobjectiva de periscópio de 10 MP. A lente autofie é de 12MP no Ultra e 10MP nos outros dispositivos. O Ultra também pode fotografar em 8K enquanto os outros telefones só podem fazer 4K; vale a pena notar, no entanto, que a maioria das televisões não suporta

8K, pelo que pode ser difícil encontrar dispositivos para mostrar esta qualidade mais elevada.

S23 VS. IPHONE 14

Como se compara a base S23 com a base do iPhone 14? Vamos dar uma vista de olhos.

Sentando-os lado a lado, notará que o S23 é ligeiramente mais pequeno e ligeiramente mais leve - a diferença aqui é tão ridiculamente pequena que provavelmente não notará.

Ambos os dispositivos oferecem um ecrã HD.

Ambos os dispositivos também começam com 128GB de armazenamento; o S23 tem 8GB de RAM enquanto o iPhone tem 6GB de RAM; não vale nada, que a memória no S23 possa ser expandida com um cartão de armazenamento; o iPhone não tem esta opção.

A máquina fotográfica em ambos os dispositivos irá proporcionar resultados impressionantes; enquanto a S23 oferece significativamente mais MP na lente principal (64 MP vs 12 MP no iPhone), a qualidade das fotos é indiscutivelmente muito semelhante.

SAMSUNG S23 ULTRA VS IPHONE PRO MAX

E o S23 Ultra contra o iPhone 14 Pro Max da mais alta qualidade?

Lado a lado, os dois dispositivos são bastante semelhantes; o Max é um pouco mais pequeno em altura, mas também ligeiramente mais pesado (2 gramas mais pesado).

Os ecrãs em ambos os dispositivos são também bastante semelhantes; ambos têm uma taxa de actualização de 120Hz; o Max tem um brilho máximo ligeiramente superior.

Ambos os telefones têm um armazenamento máximo de 1TB; o iPhone Pro Max começa a 128GB de armazenamento enquanto o S23 Ultra começa a 256GB. A memória no Max é de 6GB de RAM; o Ultra arranca a 12GB de RAM.

Mas e quanto à principal atracção: as câmaras? O iPhone tem uma lente grande angular de 48MP, uma lente teleobjectiva de 12 MP e zoom óptico de 3X; tem também tecnologia LiDar; a câmara frontal tem 12MP. A Ultra tem uma câmara grande angular de 200 MP, uma teleobjectiva de 10MP, um zoom óptico de 3x e 10x, e um zoom digital até 100x. É verdade que o MP é muito mais elevado no Ultra, mas a qualidade das fotos é semelhante em ambos os dispositivos.

[2]
A Visão Geral

Este capítulo abrangerá:
- Explorando a Samsung UI
- Barra de Notificação
- Barra de bordos
- Gestos

ENCONTRAR O SEU CAMINHO

As pessoas vêm à Samsung de todos os tipos de lugares diferentes: iPhone, outro telefone Android, telefone com flip, dois copos de esferovite amarrados com fio. Esta próxima secção é um curso intensivo na interface. Se já usou o Android antes, então pode parecer um pouco simples, por isso salte à frente se já souber tudo isto.

Se alguma destas coisas parece um pouco precipitada, há uma boa razão: é! Abordaremos estes pontos com mais detalhe mais tarde. Isto é apenas um rápido arranque / referência.

Quando vir o seu ecrã principal pela primeira vez, verá seis componentes. Eles são (de cima para baixo): a Barra de Notificação, Adicionar Widget Meteorológico, Google Search App, Ícones de Cortes Curtos, Barra de Favoritos, navegação.

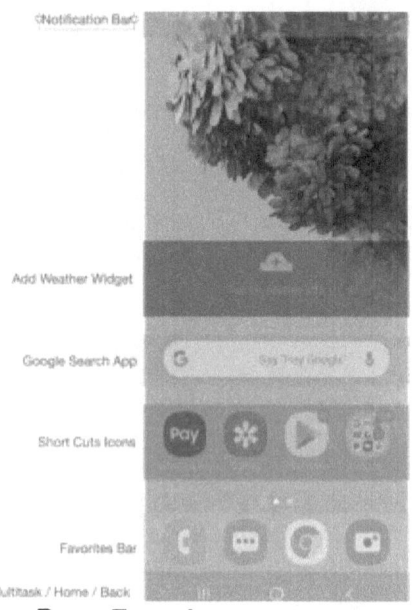

Notificações Bar - Este é um menu suspenso (deslize para baixo para o expandir) e é onde verá todos os seus alertas (novo e-mail ou texto, por exemplo) e onde pode ir para alterar rapidamente as definições.

Adicionar Weather Widget - Widgets são como mini aplicações que mostram informação no seu ecrã; o tempo é o que é mostrado aqui, mas podem ser qualquer coisa desde Gmail, a calendários, e centenas de coisas no meio.

Google Search App - A Google Search app é outro exemplo de um widget. Como o nome implica, pode procurar informação no Google; mas também procura aplicações no seu telefone.

Ícones de Cortes Curtos - São aplicações que utiliza frequentemente e às quais pretende um acesso rápido.

Barra de favoritos - Estes são como atalhos, excepto que os vê em todos os seus ecrãs. Pode adicionar o que quiser a esta área, mas estas são as aplicações que a Samsung pensa que irá utilizar mais.

Barra de Navegação - Estes são atalhos para contornar o seu telefone: o primeiro é o botão multi-tarefa, que o ajuda a mudar rapidamente de aplicação; o seguinte é o botão Home, que o leva de volta ao ecrã Home; e o último é o botão Back, que o devolve ao ecrã anterior.

Então, o que são estes? Muito rapidamente, estes são os seguintes:

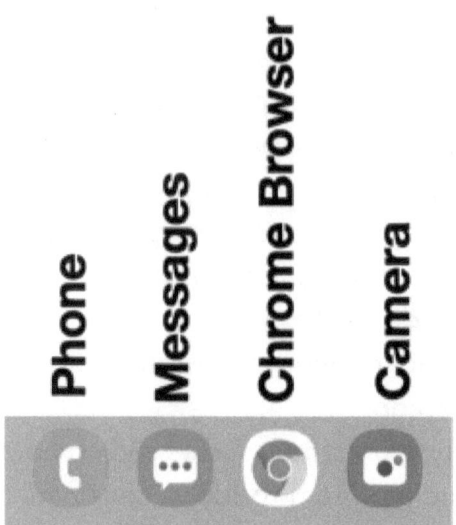

- **Telefone**: Quer adivinhar o que faz o botão do telefone? Se disse que lhe traz um gelado, então talvez não seja talhado para um telefone. Mas se disse algo do género "lança uma aplicação para ligar às pessoas" então não terá qualquer problema com o seu novo aparelho. Surpresa, surpresa: este gadget caro que joga jogos, tira fotografias, e mantém-no actualizado sobre divagações políticas nas redes sociais faz mais uma coisa interessante: chama pessoas!
- **Mensagem**: Mensagem pode ser um pouco mais aberta do que "Telefone"; isso pode significar mensagem de correio

electrónico, mensagens de texto, mensagens que está sempre a receber no espelho da casa de banho para baixar o assento da sanita. Neste caso, significa "mensagens de texto" (mas, na verdade, coloque a tampa da sanita para baixo... não está a fazer nenhum favor a ninguém). Esta é a aplicação que utilizará sempre que quiser enviar mensagens de texto com imagens giras de gatos.
- **Crómio**: Sempre que quiser navegar na Internet, irá utilizar o Cromo. Na realidade, existem várias aplicações que fazem a mesma coisa - como Firefox e Opera-mas recomendo o Crómio até se sentir confortável com o seu telefone. Pessoalmente, penso que é a melhor aplicação para pesquisar na Internet, mas depressa aprenderá que a maioria das coisas no telefone são sobre preferência, e poderá encontrar outro navegador de Internet que se adapte melhor às suas necessidades.
- **Câmara**: Esta aplicação abre fotografias de máquinas fotográficas vintage...estava a brincar! É como se tiram fotografias no telefone. Utiliza esta mesma aplicação também para vídeos.

NOTIFICAÇÕES BAR

Junto à barra de atalhos, a área que mais irá utilizar é a barra de notificação. É aqui que vai obter, adivinhou, notificações! O que é uma notificação? É qualquer tipo de notificação que tenha optado por receber. Alguns exemplos: alertas por mensagem de texto, alertas por correio electrónico, alertas âmbar, e aplicações que tenham actualizações.

Quando arrasta o dedo para baixo da barra de notificação, obterá uma lista de várias definições que pode ajustar. Se premir e segurar qualquer uma destas opções, abrirá uma aplicação com ainda mais opções.

Da direita para a esquerda, estas são as opções que pode alterar ou utilizar:

- Wi-fi
- Som (toque para silenciar sons)
- Bluetooth
- Bloquear o dispositivo de rotação automática
- Modo Avião (que desliga wi-fi e Bluetooth)

- Lanterna de sinalização

Se continuar a arrastar-se, este fino menu expande-se e há mais algumas opções.

O primeiro está na parte inferior do ecrã - é o cursor, e torna o seu dispositivo mais brilhante ou mais escuro, dependendo do modo como o arrasta.

Acima disso, há vários controlos. Muitos destes controlos são apenas uma alternância de ligar/desligar, mas alguns deixam-no premir durante muito tempo para ver opções expandidas. Alguns serão mais óbvios que outros, mas passarei rapidamente por cada um deles, começando pelo canto superior esquerdo.

- Wi-Fi - Toque para desligar o Wi-Fi; prima durante muito tempo para alterar as redes e ver as definições Wi-Fi.
- Som - Toque para desligar o som; prima durante muito tempo para ver as definições de som.
- Bluetooth - Desliga o Bluetooth; prima durante muito tempo para ligar a um dispositivo ou ver as definições Bluetooth.
- Autorotate - Se tocar, bloqueará a orientação do dispositivo, portanto, se rodar o dispositivo, o ecrã não rodará.
- Modo avião - desliga funcionalidades como Wi-Fi, celular e Bluetooth.
- Lanterna de sinalização - Liga o flash da sua câmara para deixar o seu telefone funcionar como uma lanterna.
- Dados móveis - Se quiser controlar manualmente se o seu telefone está a utilizar dados móveis ou Wi-Fi, então pode activar esta função. Há muitas razões para isto; por vezes pode achar que a ligação Wi-Fi é demasiado fraca e quer usar exclusivamente telemóvel - mas tenha cuidado: dependendo do que estiver a fazer, os dados móveis podem consumir o plano de dados da sua operadora muito rapidamente.

- Hotspot móvel - Ao ligar isto, o seu telefone funcionará como um hotspot (para que outros dispositivos possam usar a ligação de dados do seu telefone para se ligar à Internet)); pessoalmente, utilizo isto frequentemente para me ligar ao meu portátil em viagem. Alguns transportadores cobrarão um custo extra por este serviço. Também deve ter cuidado, uma vez que isto entra em taxas de dados; se deixar alguém partilhá-lo e decidir transmitir um filme, ele vai consumir os seus dados rapidamente. Ao pressioná-lo durante muito tempo, irá mostrar-lhe configurações expandidas.
- Modo de poupança de energia - liga um modo de poupança de energia que ajudará o seu telefone a durar mais tempo; se tiver poucas baterias e não estiver perto de um carregador, isto ajudá-lo-á a obter um pouco mais de vida do seu telefone. Ao pressioná-lo durante muito tempo, irá trazer à tona funcionalidades de poupança de energia expandidas.
- Localização - Ao ligar/desligar isto permite que as aplicações vejam a sua localização; por exemplo, se estiver a utilizar um mapa para direcções de condução, dá permissão à aplicação para ver onde se encontra. Se premir durante muito

tempo, mostrará as definições de localização expandidas.

- Ligação ao Windows - Se tiver um computador Windows, pode utilizar esta funcionalidade para enviar notificações ao seu computador Windows ligado.
- Gravador de ecrã - Esta opção permite-lhe criar um vídeo do que está no seu ecrã; pode criar um tutorial para algo ou mesmo gravar um jogo. A pressão prolongada mostrará configurações expandidas.

Se passar, verá ainda mais opções para escolher.

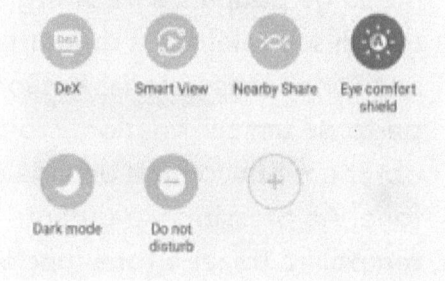

- DeX - DeX transforma o seu telefone numa experiência de secretária quando ligado a um monitor HDMI.
- Visão inteligente - permite-lhe espelhar o seu ecrã (ou som) para outros dispositivos (tais como uma Página inicial do Google).

- Nearby Share - Vamos partilhar fotografias e documentos com telefones nas proximidades.
- Escudo de conforto ocular - Ligar o escudo de conforto ocular desliga a luz azul do seu telefone; dá ao seu telefone uma tonalidade mais acastanhada. Olhar para uma luz azul pode dificultar o sono, por isso é recomendável ligar isto à noite.
- Não perturbar - Desliga as notificações para que não receba mensagens ou chamadas telefónicas (elas irão directamente para o correio de voz); longos períodos de prensagem expande Não perturbar as definições.
- Modo escuro - Dá aos menus e a algumas aplicações um fundo preto em vez do branco. A pressão prolongada mostrará configurações expandidas.

A Samsung viu-se livre de muitas opções que provavelmente sentiram ou não serem usadas ou não serem usadas com tanta frequência. Mas eles ainda lá estão. No último ecrã de notificação, toque no ícone + e verá mais opções que pode adicionar.

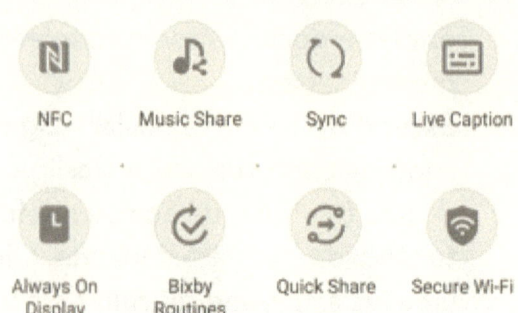

Existem dois ecrãs de botões extra (toque neles e arraste-os para a sua barra de notificação para os adicionar). O primeiro ecrã mostra:

- NFC - Se planeia colocar cartões de crédito no seu telefone para pagar as coisas sem fios na caixa, certifique-se de que o NFC está ligado. A pressão prolongada mostrará configurações expandidas.
- Partilha de música - Partilha a música que está a ouvir, para que possam ouvir juntos. A pressão prolongada mostrará configurações expandidas.
- Sync - Sync é o seu dispositivo através de outros dispositivos.
- Live Captioning - Isto será abordado um pouco mais tarde, mas ao alternar, vamos adicionar legendas aos seus vídeos.
- Sempre em exibição - a sua exibição está sempre em exibição quando esta está

activada. Uma pressão prolongada mostrará configurações expandidas.
- Bixby rotinas - Define o Bixby. A pressão prolongada mostrará configurações expandidas.
- Partilha rápida - Esta opção permite-lhe partilhar fotos, vídeos e outros ficheiros sem fios com outro dispositivo. A pressão prolongada mostrará configurações expandidas.
- Wi-Fi seguro - Cria uma encriptação segura enquanto utiliza mas redes sem fios públicas e pessoais.

O próximo ecrã de opção de notificação tem o seguinte:

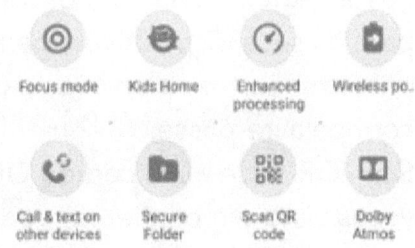

- Modo Foco - Permite-lhe definir temporizadores e desligar certas aplicações durante um período de tempo para lhe proporcionar uma experiência mais livre de distracções. A pressão prolongada mostrará configurações expandidas.

- Kids Home - Liga o modo kids, o que dá ao seu dispositivo uma interface amigável para crianças e desliga várias aplicações.
- Processioning melhorado - Um modo que conserva a bateria ao abrandar o seu telefone.
- PowerShare sem fios - Tocar nesta opção permite-lhe carregar outro dispositivo sem fios (como um relógio ou mesmo outro telefone); o seu telefone está essencialmente a servir como um carregador sem fios para esse outro dispositivo. Ao pressioná-lo durante muito tempo, irá trazer à tona as configurações PowerShare.
- Chamada e texto e outros dispositivos
- Pasta segura - Cria uma pasta segura para os seus dispositivos, para que possa proteger certas aplicações e documentos com palavra-passe.
- Scan QR code - Um código QR é por vezes visto em panfletos; pode utilizá-lo para o digitalizar e ver a que é que o código está ligado.
- Dolby Amos - Ao ligar o seu aparelho, o Dolby Amos irá dar um som superior. Uma pressão longa mostrará configurações expandidas.

Na área de notificação verá também duas opções para Meios de Comunicação Social e Dispositivos.

Os meios de comunicação social permitem-lhe controlar música e vídeos noutros dispositivos.

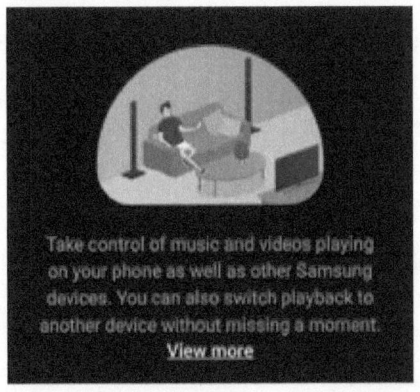

Os dispositivos permitem-lhe ligar-se a dispositivos que utilizam Bluetooth e veja a que dispositivos já está ligado.

34   O Guia Insanely Easy da Samsung S23 e S22 Ultra

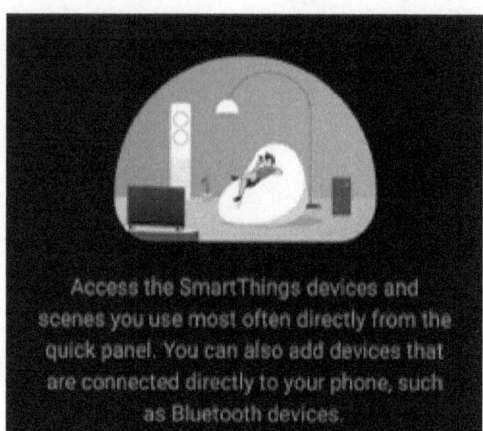

No topo está um punhado de outros controlos.

O botão config traz à tona configurações expandidas para notificações.

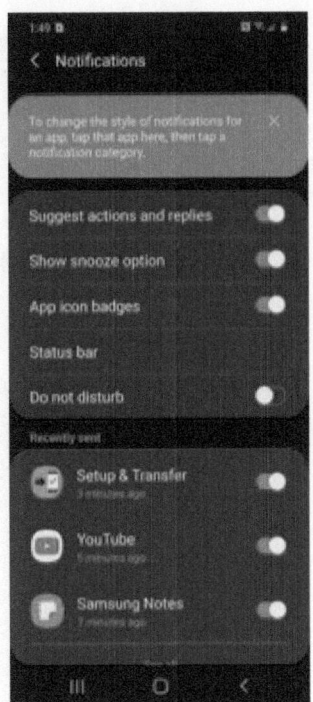

O botão de energia permitir-lhe-á reiniciar ou desligar o seu dispositivo.

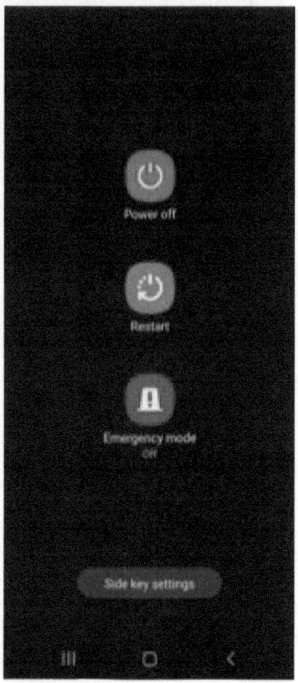

GETTING AROUND RÁPIDO

Como mencionado, a parte inferior do ecrã é a sua área de navegação para se deslocar.

Isto é bom, mas melhor é configurar gestos para lidar com a navegação à volta do seu telefone. Isto irá desligar esta secção para dar um pouco mais de espaço no ecrã.

Para o alterar, deslize a partir da parte inferior do ecrã (isto fará surgir todas as suas aplicações), depois toque em Definições. A seguir, ir para a opção Exibir.

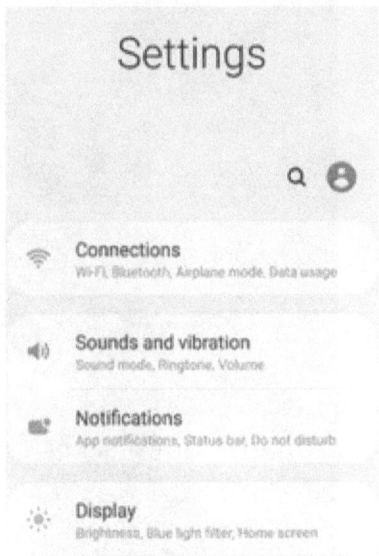

Nas opções de Visualização, desça até chegar à barra de Navegação, e depois toque nela.

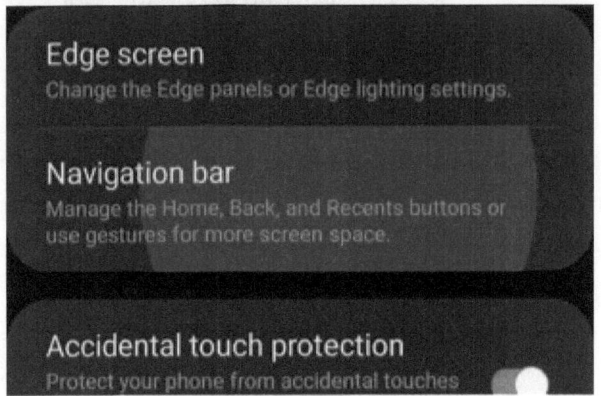

No menu da barra de navegação, seleccionar Gestos de ecrã inteiro.

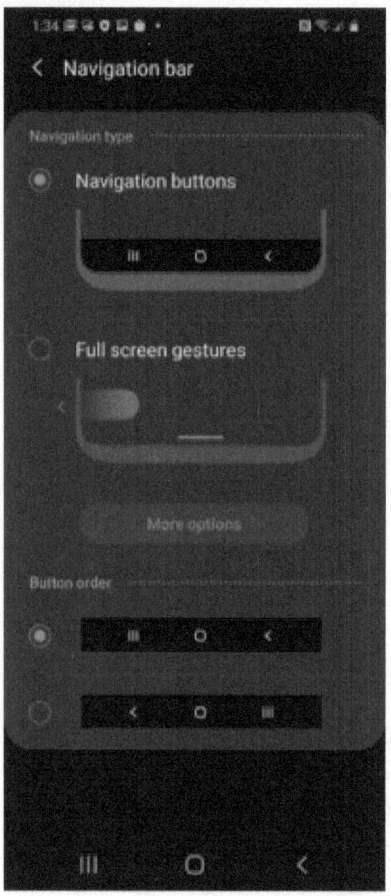

Boa! Desapareceu! Mas quais são os gestos?! Antes de deixar as configurações, dar-lhe-á uma pequena amostra de como elas funcionam, mas abaixo está uma recapitulação:
- Deslize e solte para chegar ao seu ecrã inicial a partir de qualquer aplicação.

- Deslizar e segurar para trazer à tona as multitarefas.
- Deslize para a direita ou esquerda da extremidade inferior do seu ecrã para ir para trás e para a frente.

Talvez se lembre de que o deslizar para cima a partir de baixo lhe mostrou todas as suas aplicações. Esse gesto regressa agora ao ecrã inicial, portanto, como vê todas as suas aplicações? Do seu ecrã de início, deslize para cima no meio do ecrã para as ver.

Quando se trata de contornar a sua Samsung, aprender a utilizar gestos será o método mais rápido e mais eficaz. Pode alterar algumas das opções de gestos indo a Sistema > Gestos > Navegação do sistema.

O gesto mais importante é como voltar ao ecrã inicial - afinal não há botões. Este é o mais fácil de lembrar: deslizar para cima a partir do fundo do ecrã.

MULTITAREFA

Estes são os gestos fáceis de lembrar; se quiser mover-se rapidamente, no entanto, precisa de conhecer os dois grandes gestos multitarefa, que o ajudam a alternar entre aplicações.

A primeira é ver as suas aplicações abertas. Para o fazer, deslize para cima como se fosse para o ecrã inicial, mas continue até cerca do meio do ecrã e depois pare e levante os dedos - não faça um gesto rápido de deslize como faria quando fosse para casa. Isto mostrar-lhe-á pré-visualizações de todas as suas aplicações abertas, e pode deslizar entre elas. Toque naquela que pretende abrir.

A forma mais rápida de alternar entre duas ou três aplicações, no entanto, é passar da esquerda para a direita ao longo da extremidade inferior do ecrã. Isto desliza entre as aplicações na ordem em que foram utilizadas.

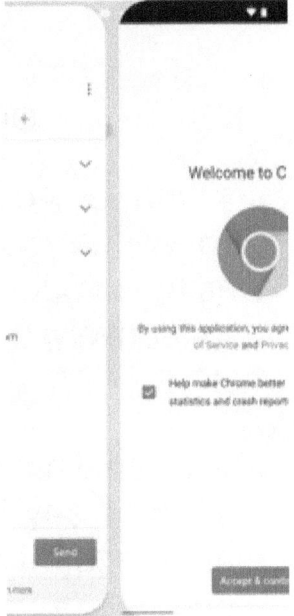

Zoom

Precisa de ver o texto maior? Há duas maneiras de o fazer. Nota: isto funciona em muitas, mas não em todas as aplicações.

A primeira maneira é beliscar para fazer zoom.

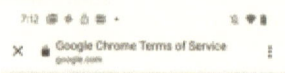

A segunda maneira é tocar duas vezes no texto.

Rodar

Provavelmente já reparou que se rodar o seu telefone, ele roda o ecrã. E se não quiser rodar o ecrã inteiro? Pode desligá-lo muito facilmente. Deslize para baixo e depois toque no botão "setas" para o activar ou desactivar.

BARRA DE BORDO

Uma das características que sempre se destacou nos aparelhos Samsung é a forma como eles fazem uso de todas as áreas do seu telefone...até ao limite.

A barra Edge traz rapidamente menus de atalhos, não importa onde se esteja ao telefone. Para aceder a ela, deslize para a esquerda do lado do seu ecrã perto do topo; o contorno da barra Edge mal pode ser visto no seu ecrã inicial. Está mesmo ao lado do botão do volume para baixo e estende-se logo acima do botão do volume para cima.

Passando para a direita, surge um menu lateral.

No canto inferior esquerdo, pode clicar no ícone da lista de barras para ver todos os seus menus de barras de borda.

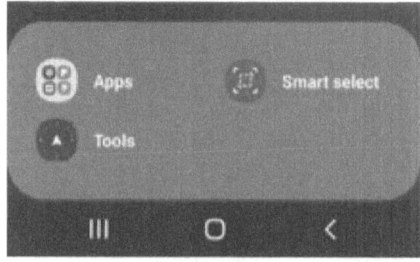

Passar para a direita e para a esquerda permite-lhe alternar entre elas.

Clicando no ícone de configuração no canto inferior esquerdo, poderá seleccionar e desmarcar os menus da barra Edge que são mostrados.

Para adicionar uma aplicação ao menu da barra App Edge, basta tocar no ícone +.

Para remover uma aplicação, toque e segure o ícone, depois arraste-o para o remover.

Smart select é uma ferramenta para criar screenshots e GIFs (pequenas imagens animadas).

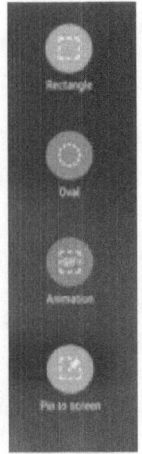

Rectângulo captura uma área rectangular seleccionada do seu ecrã.

Também pode ir a um sítio como o YouTube, onde esta ferramenta localizaria automaticamente o vídeo e gravá-lo-ia para criar um GIF. Utilize o ícone de captura de GIF para o fazer.

A ferramenta oval irá mudar a captura para uma forma circular.

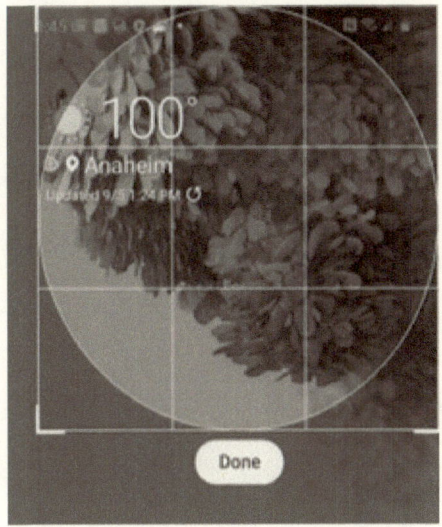

Como o nome indica, a barra Tools Edge, tem uma série de ferramentas que pode utilizar juntamente com o seu telefone. Ajudam-no a tirar medidas, manter contos, e utilizar como lanterna, ou bússola.

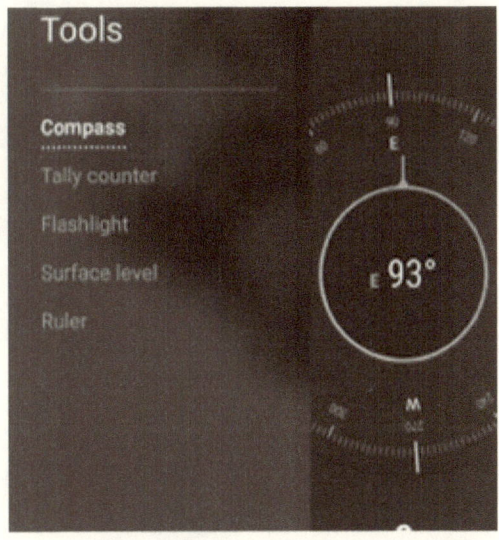

[3]
PERSONALIZAÇÃO DO TELEFONE

Este capítulo abrangerá:
- Ecrãs de personalização
- Ecrãs divididos
- Gestos

FAZER ECRÃS BONITOS

Se tiver usado um iPhone ou iPad, então poderá notar que o ecrã parece um pouco...nu. Há apenas alguns botões nele. Talvez goste disso. Se assim for, então bom para si! Salte à frente. Se quiser decorar esse ecrã com atalhos e widgets, então continue a ler.

ACRESCENTAR ATALHOS

Qualquer aplicação que queira neste ecrã, basta encontrá-la e depois premir e segurá-la; quando surgir um menu, arraste-a para cima até o ecrã aparecer e mova-a para onde quer que ela vá.

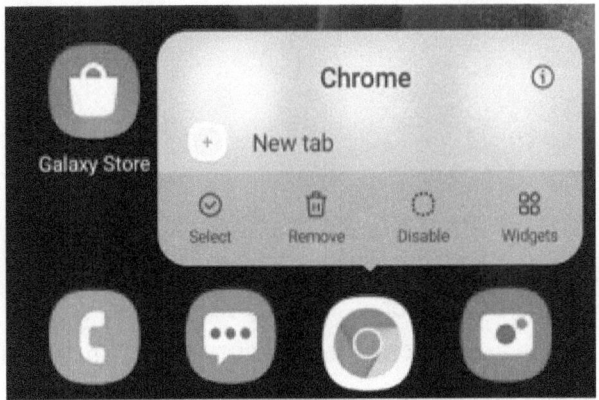

Para remover uma aplicação de um ecrã, toque e segure, depois toque em Remove from the pop-up box.

WIDGETS

Atalhos são boas, mas os widgets são melhores. Widgets são como que mini-programas que correm no seu ecrã. Um widget comum que as pessoas colocam no seu ecrã é a previsão do tempo. Ao longo do dia, o widget será actualizado automaticamente com informações actualizadas.

É um widget tão popular que a Samsung colocou a opção no seu ecrã inicial e só tem de o tocar para o configurar.

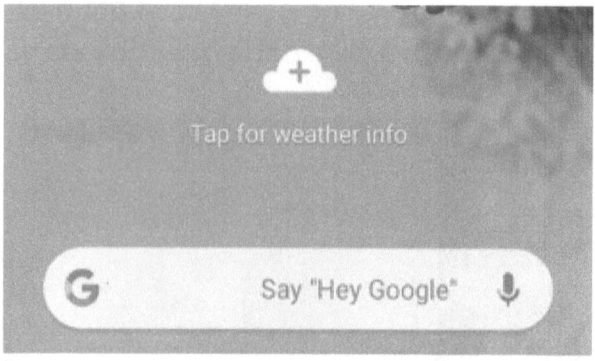

Uma vez adicionada a sua cidade, esta começará automaticamente a aparecer. Clicando nela, abrirá a aplicação.

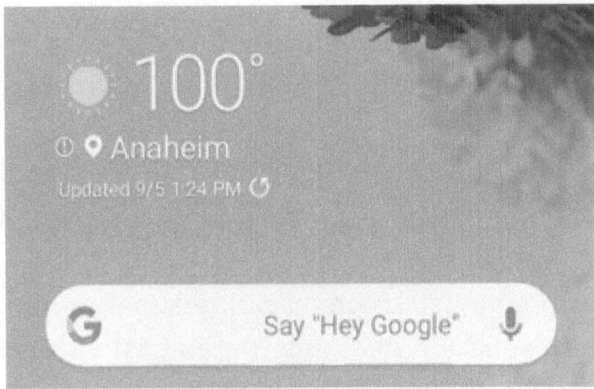

O tempo está bom, mas há muitos widgets que pode adicionar ao seu ecrã inicial. Como é que os obtém?

Na verdade, há um atalho quando se toca e segura num aplicativo que tem capacidades Widget (nem todos o fazem).

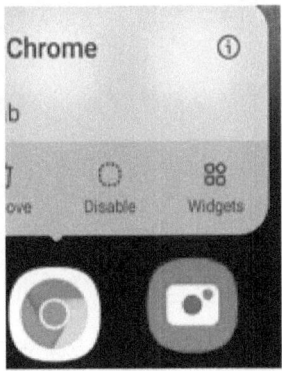

Se quiser ver todos os widgets disponíveis, então pressione e segure o seu dedo no meio do ecrã. Isto faz surgir o menu de opções do ecrã inicial. Toque nos Widgets ícone.

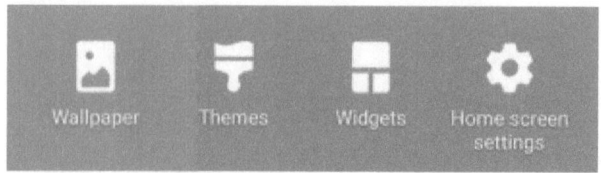

Isto irá mostrar-lhe os widgets mais populares, mas se souber o que quer, então basta procurá-lo.

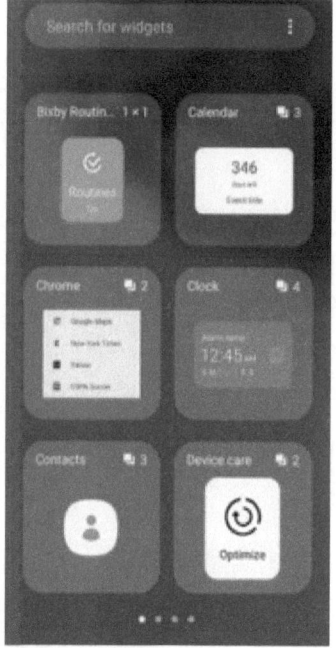

Para este exemplo, procurei o Gmail, que sei que tem um widget. Eu toco nele, e depois selecciono-o onde o quero no ecrã.

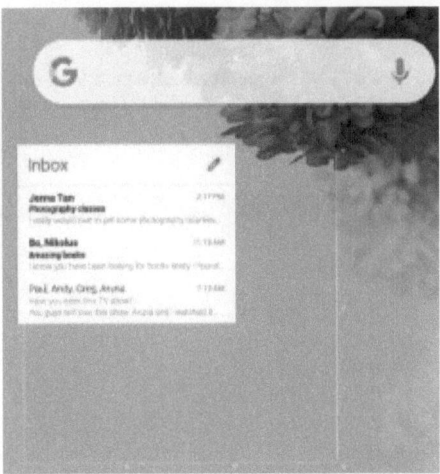

Quando tocar no widget, notará pequenos pontos de lado. Isso permite torná-lo maior ou mais pequeno. Basta arrastá-lo para a sua largura e altura ideais.

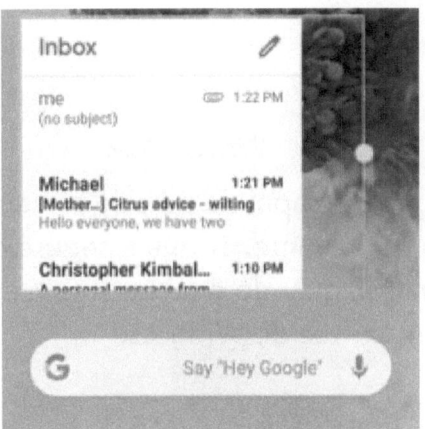

Para remover qualquer widget, basta bater e segurá-lo. A partir do pop-up, toque em Remove from Home.

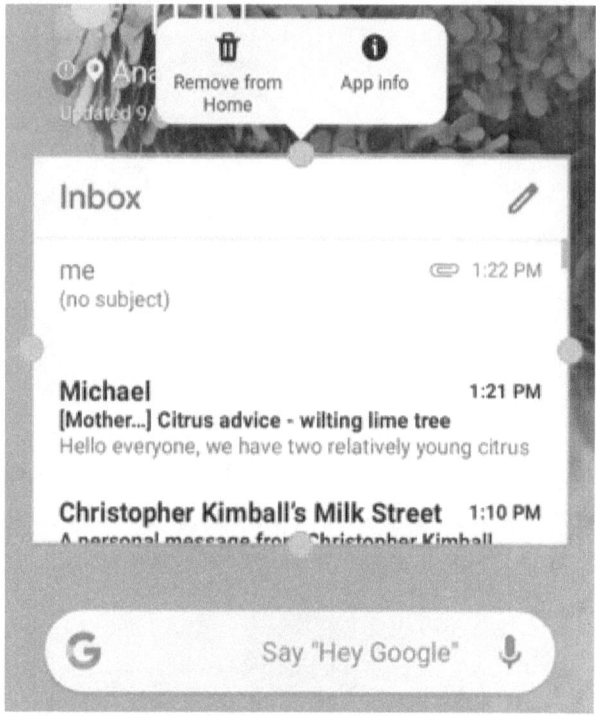

WALLPAPER

A adição de papel de parede ao seu ecrã é feita de forma semelhante. Toque e segure o seu dedo no ecrã inicial, quando o menu surgir, seleccione Wallpaper em vez de Widgets.

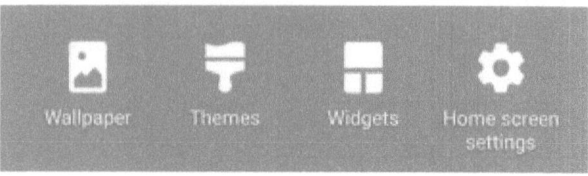

A partir do menu Wallpapers tem algumas escolhas:
- Os meus papéis de parede - Estes são papéis de parede que comprou ou aqueles que a Samsung pré-carrega.
- Galeria - Fotos que tirou.
- Explore mais wallpapers - Onde pode comprar wallpapers.
- Paleta de cores - isto permite escolher uma paleta de cores com base no papel de parede que seleccionar.

Os papéis de parede custam geralmente um dólar. Não é uma quantia absurda de dinheiro, mas também se pode procurar papéis de parede personalizados na Internet que estão disponíveis gratuitamente.

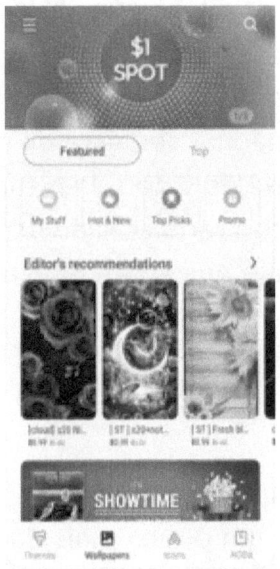

Os papéis de parede apresentados pela Samsung não devem ser ignorados. Há muito por onde escolher.

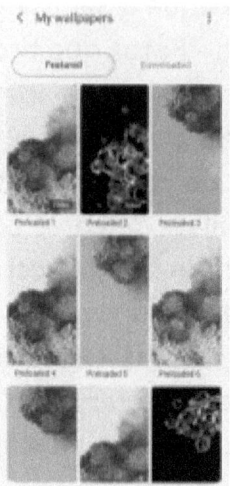

PAPEL DE PAREDE DE VÍDEO

Um UI 5.1 adicionou a capacidade de adicionar papel de parede de vídeo; isto só funciona no ecrã de bloqueio - não no seu ecrã de casa. Adiciona-se papel de parede de vídeo da mesma forma que se fazem fotografias regulares ao ecrã de bloqueio; a única diferença é que se escolhe um vídeo em vez disso.

TEMAS

Escolher papel de parede para o seu telefone ajuda a dar-lhe um pouco mais de personalidade, mas os temas ajudam realmente a afinar a personalização. Pode escolher formas de ícones, fontes, e muito mais.

Para aceder a eles, pressione e mantenha pressionado no seu ecrã inicial, depois seleccione Temas.

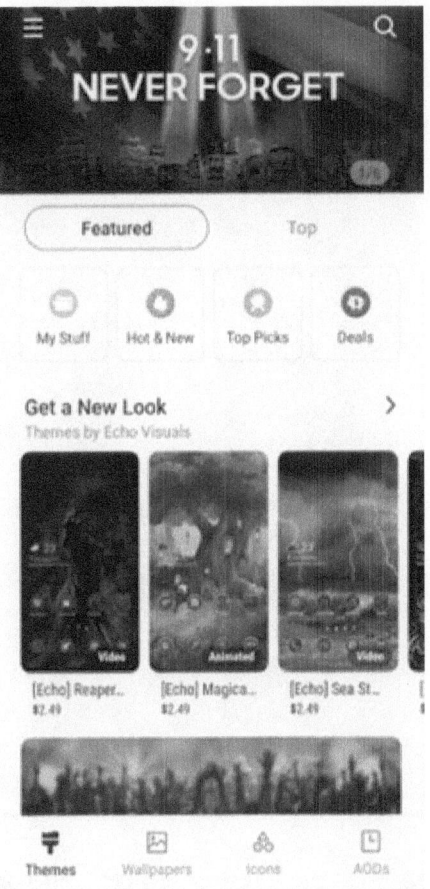

SAMSUNG LIVRE

Samsung Free é como que uma recapitulação do seu dia e recomendações diárias de coisas para descarregar. Pode vê-lo deslizando para a esquerda a partir do seu ecrã inicial.

Não é a pior característica do telefone, mas muitas pessoas não vêem realmente valor nele. Se preferir não o ver, então toque e segure no seu ecrã inicial, depois deslize para a esquerda quando vir as opções Home. No Samsung Daily pré-visualizar, alternar o interruptor para desligar.

Por defeito, pode ter o Google Discover ligado; o Google Discover é o equivalente do Google da Samsung Free.

ACRESCENTAR ECRÃS

Adicionar ecrãs para ainda mais atalhos e widgets é fácil. Bater e segurar no ecrã inicial, e deslizar para a direita.

A seguir, clicar no ícone + que irá adicionar um ecrã. Quando regressar ao seu ecrã inicial, pode deslizar para a direita e começar a adicionar-lhe atalhos e widgets.

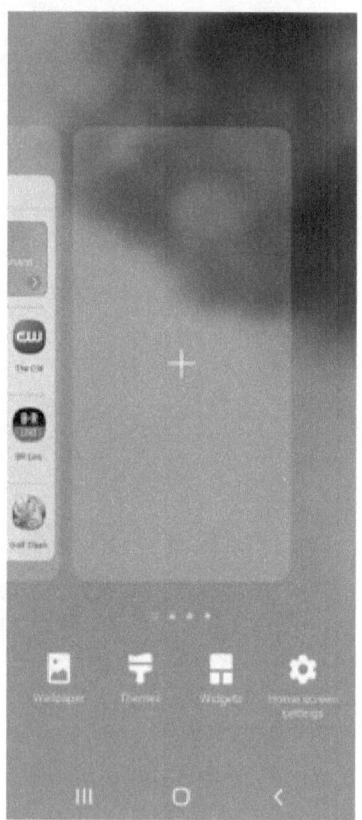

CONFIGURAÇÕES DO ECRÃ INICIAL

Para aceder ainda mais configurações do ecrã inicial, toque e mantenha o ecrã inicial, depois toque no ícone de configurações do ecrã inicial.

A primeira área que provavelmente vai querer alterar é a disposição do ecrã inicial.

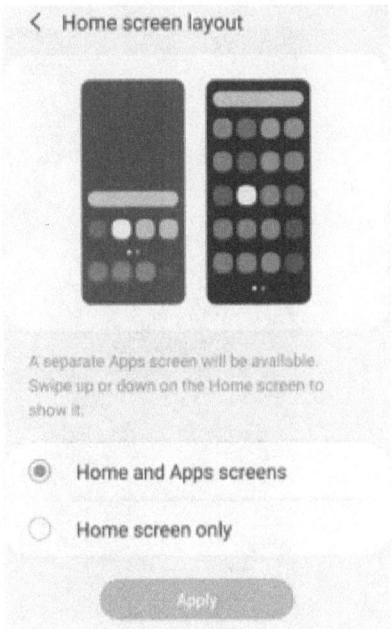

A grelha do ecrã inicial também é útil se quiser obter um pouco mais de utilização do imóvel do ecrã; ajusta o tamanho do ícone / colocação para caber mais ou menos ícones no ecrã.

O resto das configurações são apenas interruptores de comutação.

UMA PALAVRA, OU DUAS, SOBRE MENUS

É bastante intuitivo que se se tocar num ícone, abre-se a aplicação. O que não é tão óbvio é que, se tocar e segurar, existem outras opções. Cada aplicação é diferente. Normalmente, são atalhos que tocam e seguram por cima do ícone do telefone, por exemplo, traz os seus favoritos; fazer a mesma coisa por cima da câmara traz um atalho em modo selfie. Toque e segure por cima das suas aplicações favoritas para ver que atalhos estão disponíveis.

TELAS SPLIT

O telemóvel Samsung vem em tamanhos diferentes; um ecrã maior dá-lhe obviamente muito mais espaço, o que torna as aplicações de ecrã dividido uma funcionalidade bastante útil. Funciona também na Samsung mais pequena, embora não se sinta tão eficaz no ecrã mais pequeno.

Para utilizar esta funcionalidade, deslize para cima para trazer à tona a multitarefa; a seguir, toque no ícone acima da janela que pretende transformar em ecrã dividido (nota: esta funcionalidade não é suportada em todas as aplicações); se o ecrã dividido estiver disponível, verá um menu que tem uma opção para ecrã dividido.

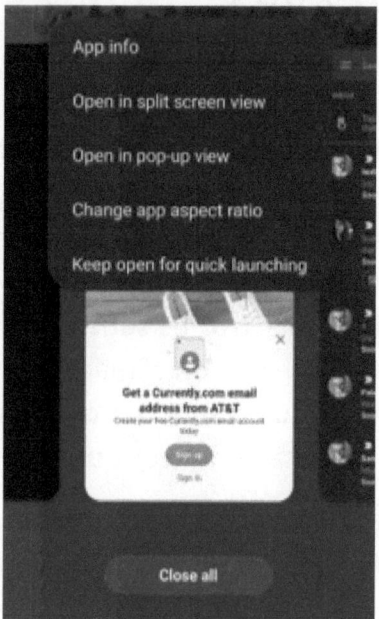

Uma vez tocado o ecrã dividido, ele deixá-lo-á deslizar para a esquerda e para a direita para encontrar a aplicação com a qual deseja dividir o ecrã. Toque na que quiser.

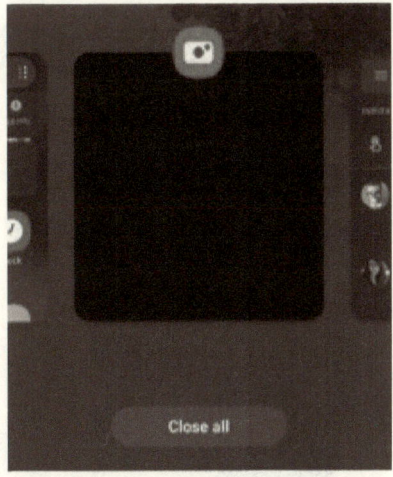

O seu ecrã está agora dividido em dois.

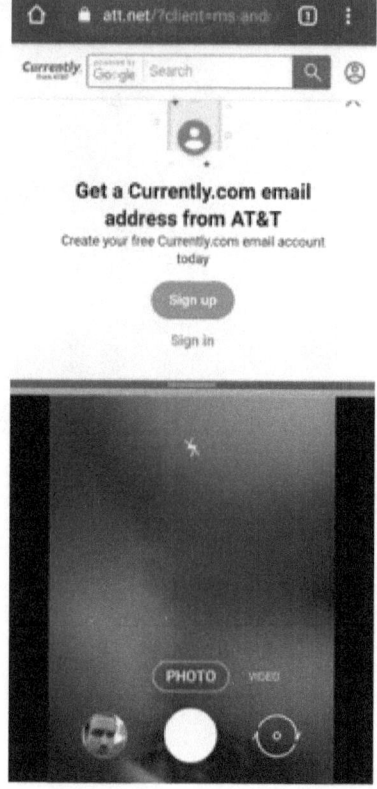

Essa fina barra azul no meio é ajustável; pode movê-la para cima ou para baixo para que uma das aplicações tenha mais espaço no ecrã.

Para sair deste modo, arraste a barra preta até ao topo ou até ao fundo até uma das aplicações desaparecer completamente.

MULTI-TAREFA: VISTA POP-UP

Vista Pop-Up permite aos utilizadores arrastar uma moldura de janela em direcção à borda do ecrã para voltar ao modo de ecrã inteiro.

GESTOS

A Samsung tem alguns gestos incorporados no dispositivo a que pode aceder entrando na sua aplicação de definições, depois clicando em Funções avançadas.

A primeira área a verificar é Moções e gestos.

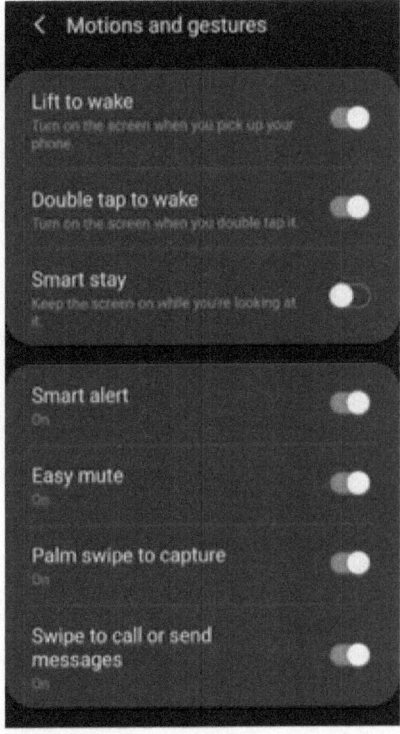

Todos estes são interruptores basculantes e pode ver uma antevisão de como funcionam, tocando no título do gesto.

A outra configuração é para o modo Com uma mão. Esta é desligada por defeito. Ao ligá-lo, pode ver as opções disponíveis.

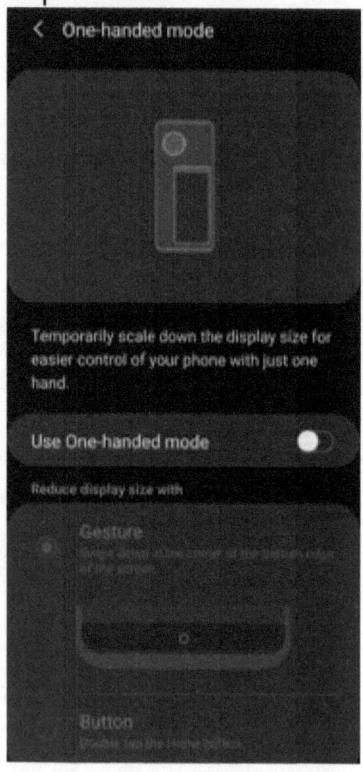

[4]
O Fundamento

Este capítulo abrangerá:
- Fazer chamadas
- Envio de mensagens
- Encontrar e descarregar aplicações
- Direcções de condução

Agora que tem o seu telefone configurado e conhece o dispositivo no seu nível mais básico, vamos rever as aplicações que mais utiliza actualmente no seu atalho ou barra favorita:
- Telefone
- Mensagens
- Crómio

Repare que a Câmara está fora desta lista? Há muito para cobrir com Camera, por isso vou rever isso num capítulo separado. No seu lugar, cobrirei a Loja Play do Google aqui, para que possa começar a descarregar aplicações.

Antes de entrarmos nele, há algo que precisa de saber: como abrir aplicações não no seu bar favorito. É fácil. A partir do seu ecrã inicial, deslize a partir do meio do ecrã. Repara no menu que está a aparecer? É aí que estão todas as aplicações adicionais.

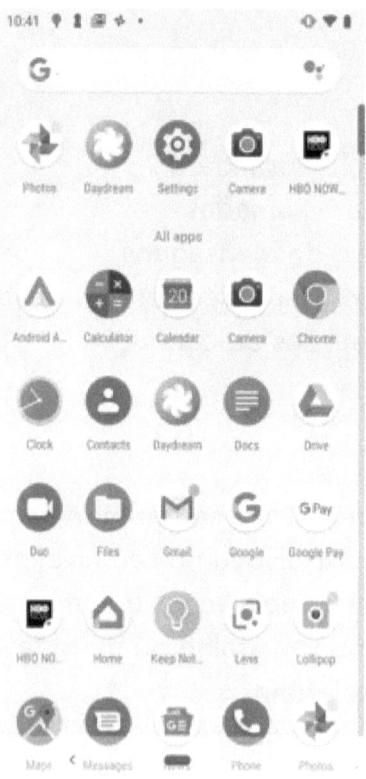

FAZER CHAMADAS

Então...a quem vai ligar? Aos Caça-Fantasmas?!
Seria a pessoa mais fantástica do mundo se os Caça-Fantasmas estivessem nos seus contactos telefónicos! Mas antes de poder encontrar esse

número nos seus contactos, provavelmente ajudaria a saber como adicionar um contacto, encontrar um contacto, editar um contacto, e colocar contactos em grupos, certo? Portanto, antes de começarmos a fazer chamadas, vamos fazer passos de bebé e cobrir os Contactos.

Contactos

Portanto, vamos abrir a aplicação Contactos para começar. Vê-lo? Não no seu bar favorito, certo? Então, onde está?! Foi por isso que vos mostrei mais cedo como chegar a aplicações adicionais. Vá para o meio do seu ecrã inicial e continue a deslizar até que o menu apareça na sua totalidade.

Está em ordem alfabética, pelo que a aplicação Contactos está em Cs. Tem este aspecto:

É provável que, se tiver adicionado a sua conta de correio electrónico, já tenha muitos contactos listados. Como centenas! Vai haver uma mensagem sobre a sua fusão - isso depende de si.

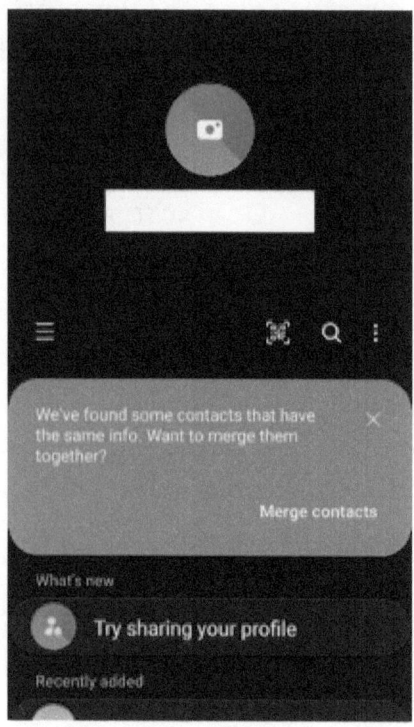

Pode procurar o contacto clicando na lupa, deslocar-se lentamente, ou dirigir-se para o lado direito da aplicação e deslocar-se - isto permite-lhe deslocar-se rapidamente por letras. Basta deslizar o dedo até ver a letra do contacto que deseja e depois parar.

No entanto, estou a antecipar-me a mim próprio! Antes de se poder deslocar, seria bom saber como adicionar um contacto para que haja pessoas a quem se possa deslocar. Para adicionar um contacto, toque nesse sinal de adição.

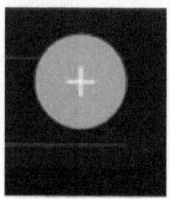

Antes de adicionar o contacto, perguntar-lhe-á onde o quer salvar - a sua conta Samsung, o telefone ou o Google. Depende inteiramente de si, mas guardá-lo no Google pode poupar-lhe alguns problemas se mudar para um fabricante de telefones diferente no futuro.

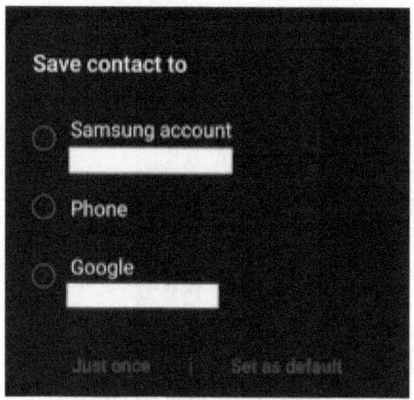

Adicionar uma pessoa parece mais uma candidatura a um emprego do que adicionar um contacto. Há filas e filas de campos!

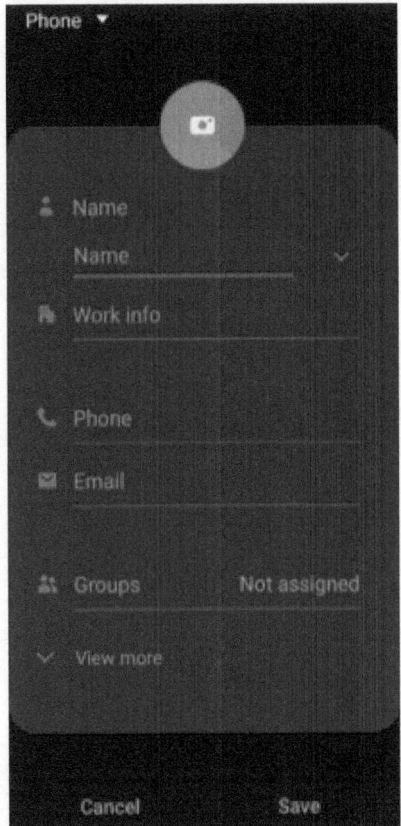

Só para o caso de não ter sido sobrecarregado por todos os campos, pode explorar mais campos e obter ainda mais!

Eis a coisa mais importante que precisa de saber: os campos são opcionais! Pode adicionar um nome e e-mail e é tudo. Nem sequer tem de acrescentar o seu número de telefone. Se quiser telefonar-lhes, então isso ajudaria certamente.

Se tiver dificuldade em lembrar quem são as pessoas, então também pode tirar uma fotografia ou adicionar uma fotografia que já tenha. Vem a calhar se tiver oito filhos e não se conseguir lembrar se Joey é o que tem cabelo loiro ou ruivo. Basta tocar no ícone da câmara em cima, depois tocar em qualquer uma das galerias (para atribuir uma fotografia que já tenha tirado) ou Câmara (para tirar uma fotografia deles); também pode usar um dos ícones do tipo avatar que a Samsung tem.

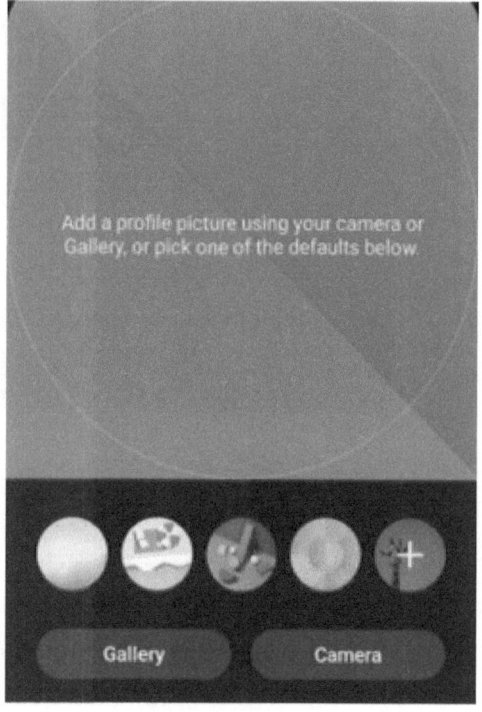

Uma vez terminado, toque no botão salvar.

Edição de um Contacto

Se adicionar um e-mail e mais tarde decidir que deve adicionar um número de telefone, ou se quiser editar mais alguma coisa, basta encontrar o nome nos seus contactos e tocá-lo uma vez. Isto traz-lhe toda a informação que já adicionou.

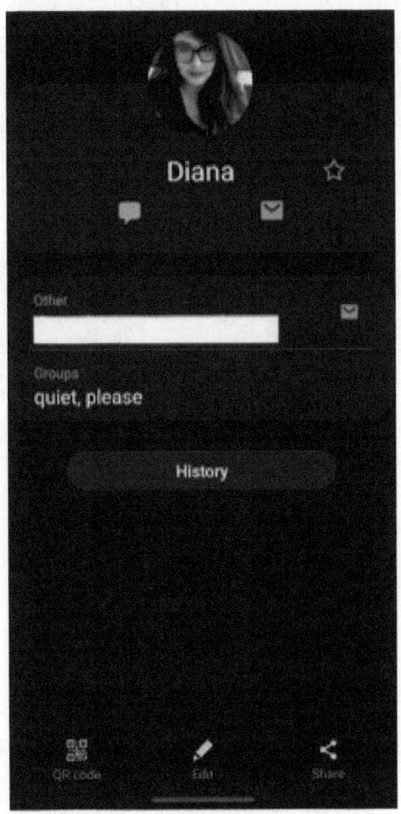

Ir para a parte inferior do ecrã e tocar no botão de opção Editar. Isto torna o contacto editável. Vá para o campo desejado e actualize. Quando terminar, não se esqueça de tocar em Guardar.

Partilhar um Contacto

Se tiver o seu telefone por tempo suficiente, alguém lhe pedirá o número de telefone de tal ou tal. A forma antiquada era escrevê-lo. Mas você tem um smartphone, por isso não é antiquado!

A nova forma de partilhar um número é encontrar a pessoa nos seus contactos, tocar no seu nome, depois tocar em Partilhar no canto inferior esquerdo do ecrã.

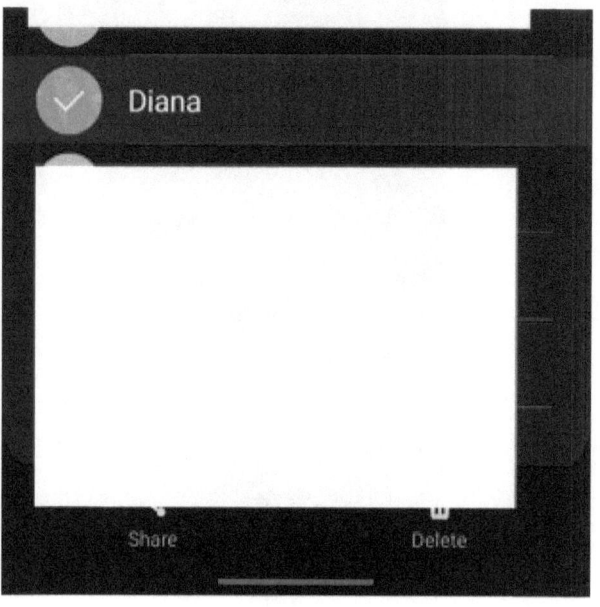

A partir daqui tem algumas opções, mas a mais fácil é enviar o contacto por SMS ou e-mail para o seu amigo. Isto envia-lhes um cartão de contacto. Assim, se tiver outras informações com esse contacto (como o correio electrónico), então isso também será enviado.

APAGAR CONTACTO

Eliminar um contacto é o mesmo que partilhar um contacto. A única diferença é que, uma vez tocado o seu nome, toca-se no ícone de apagar à direita (não a partilha à esquerda). Isto apaga-os do seu telefone, mas não da sua vida.

ORGANIZE-SE

Uma vez que se comece a ter muitos contactos, então vai tornar a procura de alguém mais demorada. Grupos ajuda. Pode acrescentar um Grupo para "Família", por exemplo, e depois colar aí todos os membros da sua família.

Quando abrir os seus contactos e tocar nessas três linhas no canto superior esquerdo, verá um menu. É aqui que verá os seus Grupos. Assim, com Grupos, pode saltar directamente para essa lista e encontrar o contacto de que necessita.

Também pode enviar um e-mail ou mensagem de texto a todo o grupo dentro do Grupo. Assim, por exemplo, se o seu filho fizer dois anos e quiser lembrar a todos no seu contacto "Família" para não virem, basta tocar nesse Grupo.

Mas e se não tiver etiquetas? Ou se quiser acrescentar pessoas a uma etiqueta? Fácil. Lembra-se daquela longa aplicação que usou para adicionar um contacto? Um dos campos chamava-se "Grupos." É preciso tocar mais para o ver. Está no fundo do poço. Um dos últimos campos, de facto.

Se nunca adicionou uma etiqueta ou quer adicionar uma nova, então basta começar a escrever. Se tiver outra que gostaria de utilizar, então basta tocar na seta e seleccioná-la.

Quando tiver terminado, não se esqueça de tocar em Save.

Também pode rapidamente atribuir alguém a um grupo tocando no nome do contacto, depois seleccionando Criar Grupo no canto superior direito.

Uma vez tocado, poderá adicionar um nome, atribuir um toque, e atribuir outros membros.

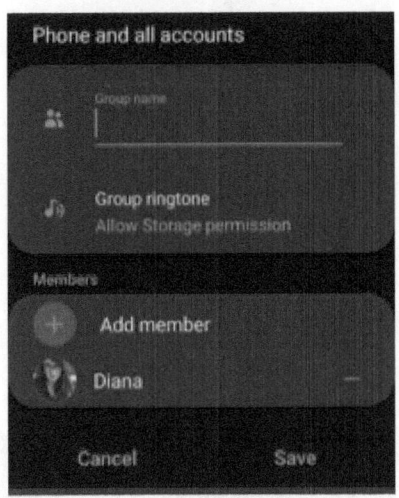

ELIMINAR GRUPO

Se decidir que já não quer ter uma etiqueta, então basta ir ao menu que lhe mostrei acima, depois os três pontos. A partir daqui, toque no Grupo Eliminar.
Se houver apenas uma pessoa que queira arrancar da etiqueta, então toque nela e vá para o Grupo e apague-a.

FAZER CHAMADAS

Isto conclui o nosso desvio para a aplicação Contactos. Podemos agora voltar a fazer chamadas telefónicas para os Caça-Fantasmas.

Pode fazer uma chamada abrindo a aplicação Contactos, depois seleccionar o contacto, e depois tocar no seu número de telefone. Em alternativa, pode tocar no botão Telefone a partir do seu ecrã inicial ou do seu bar favorito.

Existem algumas opções quando se abre esta aplicação. Vamos falar sobre cada uma delas.

A partir da extrema esquerda está o separador do Teclado. É verde porque já lá se encontra.

No meio está o separador Recentes. Se tiver feito alguma chamada, eles aparecerão aqui.

A última opção é Contactos, que abre uma versão da aplicação Contactos que está dentro da aplicação Telefone.

Se quiser marcar alguém à moda antiga tocando em números, então toque neles, e toque no ícone de chamada. Também pode tocar no ícone de vídeo para iniciar uma videochamada.

Quando terminar a chamada, carregue no botão End no seu telefone.

ATENDER E DECLINAR CHAMADAS

O que é que se faz quando alguém nos chama? Provavelmente ignora-o porque é um operador de telemarketing!

No entanto, é fácil aceitar uma chamada. Quando o telefone tocar, o número aparecerá e se a pessoa estiver nos seus Contactos, então o nome também aparecerá. Para atender, basta passar o "atender". Para recusar, basta arrastar o "recusar".

CONFIGURAÇÃO DO TELEFONE

Se ainda não reparou, existem definições para praticamente tudo. O Samsung é um telefone *altamente* personalizável. Para chegar às definições, vá para o canto superior direito, depois seleccione Definições.

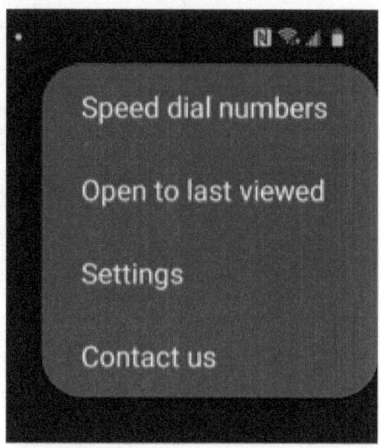

A partir de definições pode configurar toques, adicionar números para bloquear, configurar o seu correio de voz e muito mais.

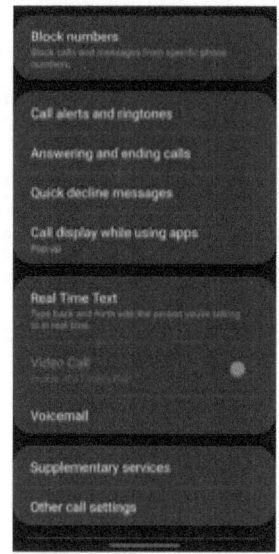

TOCAR ANGRY BIRDS ENQUANTO FALA COM A MÃE ZANGADA

E se estiveres numa chamada com a tua mãe e ela estiver a queixar-se de algo, mas não quiseres ser mal-educado e desligar? Fácil. És multitarefa! Isto significa que podias brincar aos Angry Birds enquanto falas!

Para multitarefas, basta deslizar do fundo do seu telefone e abrir a aplicação em que quer trabalhar enquanto fala. A chamada irá aparecer na área de notificação. Toque nela para voltar à chamada.

MENSAGENS

Agora que sabe como funcionam os Contactos e o Telefone, o envio de mensagens será como uma segunda natureza. Partilham muitas das mesmas propriedades.

Vamos abrir as Mensagens app (está no seu Bar de Favoritos).

CRIAR / ENVIAR UMA MENSAGEM

Quando tiver seleccionado o(s) contacto(s) para o(s) qual(is) enviar uma mensagem, toque em

Compor. Pode também digitar manualmente o número no campo de texto.

Pode acrescentar mais do que um contacto - isto é conhecido como um texto de grupo.

A primeira vez que enviar uma mensagem, provavelmente vai parecer bastante nua, como a imagem abaixo. Assumindo que nunca enviou uma, vai ficar em branco. Assim que começar a receber mensagens, pode tocar em Nova categoria para criar etiquetas para elas - para que todas as suas mensagens familiares, por exemplo, fiquem no mesmo lugar.

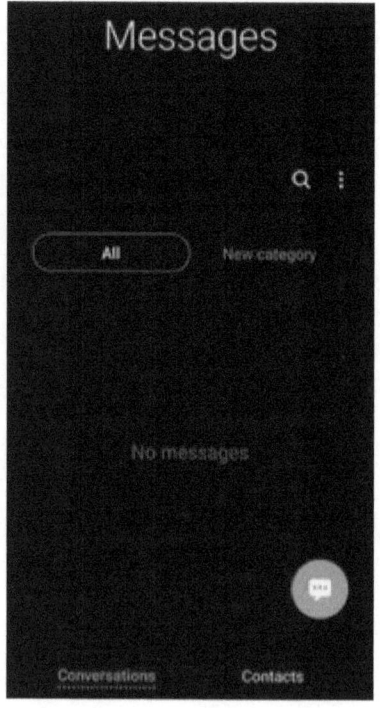

Assim que estiver pronto para enviar a sua primeira mensagem, toque no ícone da mensagem.

O campo superior é onde se coloca quem vai (ou o nome do grupo, se for várias pessoas). Pode usar o ícone + para encontrar pessoas nos seus contactos.

Utilize o campo de texto para digitar a sua mensagem.

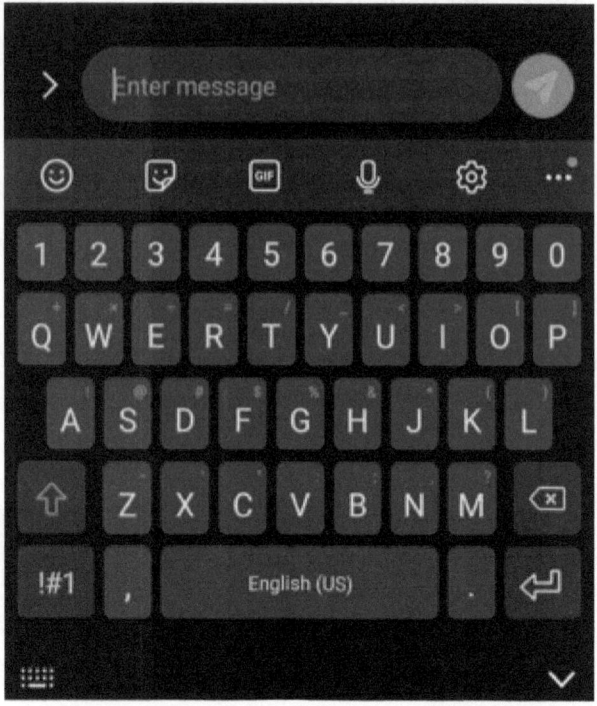

Parece bastante básico, mas na verdade há aqui *muita coisa*. Começando por baixo, há um pequeno teclado - que é para mudar para um tipo diferente de teclado; à direita disso está uma seta para baixo, que fará o teclado colapsar. Para o recuperar, basta clicar novamente na caixa de mensagens.

Logo acima do ícone do teclado, encontra-se um botão !#1, que irá mudar o teclado alfa para um teclado numérico / símbolo (para que tenha acesso rápido a símbolos como @, ?, %).

Dactilografar noutra língua ou precisar de um sinal de sotaque? Carregue durante muito tempo na letra e revelará mais caracteres e símbolos para essa letra.

Finalmente, no topo, encontra-se um conjunto de seis ícones adicionais.

Da esquerda para a direita, o primeiro é o Emoji embalagem. Se quiser responder a alguém com um Emoji, então é isso que toca.

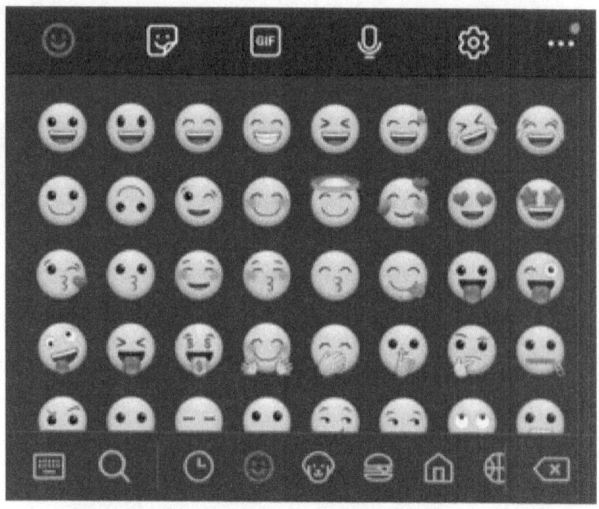

Pode percorrer todos eles, deslizando para a direita, mas como são muitos, também estão agrupados, e pode saltar para um grupo tocando na imagem associada no fundo.

Ao lado do Emoji é o ícone do autocolante Bitmoji. Cubro o Bitmoji mais tarde, mas por agora, digamos que Bitmoji é como um emoji que é personalizado para se parecer consigo. Para o utilizar, tem de o descarregar. É gratuito.

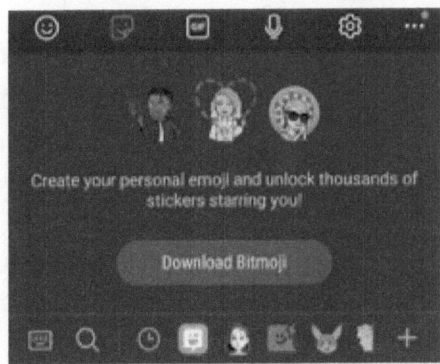

A seguir é o GIF pesquisa; tem de concordar com os termos para a utilizar. É basicamente um motor de busca de imagens GIF; por isso, se quiser encontrar um GIF de aniversário para colocar numa mensagem, por exemplo, pode pesquisar "aniversário" e ver literalmente dezenas e dezenas de GIFs. Se não souber o que é um GIF, são pequenas imagens que se movem num loop- tipo de mini filmes que duram alguns segundos.

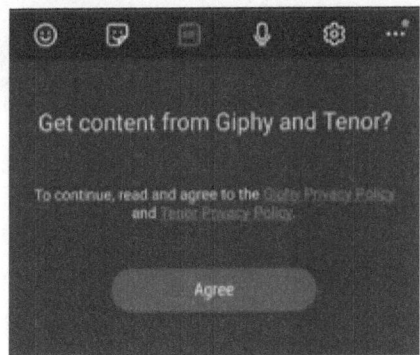

À direita do GIF é o ícone do microfone, que lhe permite gravar uma mensagem de voz em vez de a dactilografar.

Sabe que a Samsung adora as suas configurações, por isso provavelmente não o surpreenderá que o ícone de configuração lance as configurações do teclado.

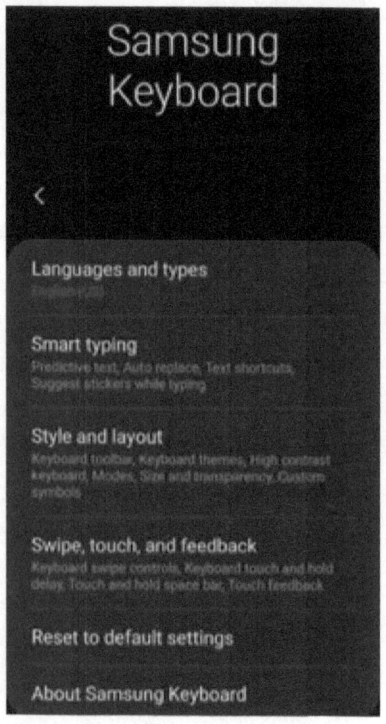

Como gostam tanto de ajustes, há mais alguns quando se toca nos três pontos; pode-se ajustar o tamanho do teclado aqui, mas também usar algumas das muitas outras características - tais como a edição e tradução de texto.

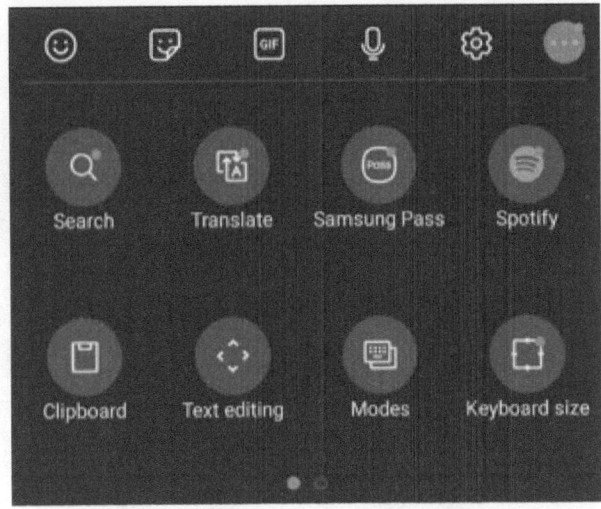

Portanto, como eu disse, há muito neste teclado. Mas o teclado é apenas metade da diversão! Olha acima...aquele pequeno > ícone vai trazer à tona mais algumas coisas que podes fazer com a mensagem.

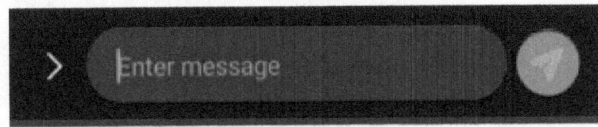

Há três opções adicionais. A primeira é incluir uma fotografia que está na sua galeria de fotografias.

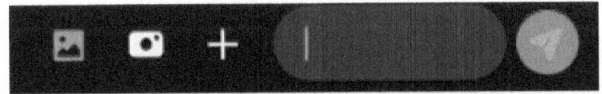

O próximo é tirar uma fotografia ou gravar um vídeo.

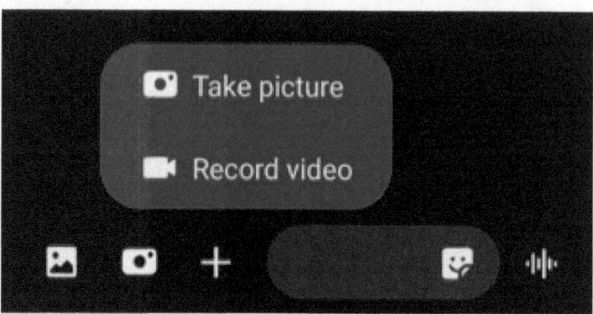

E a última é uma série de opções extra.

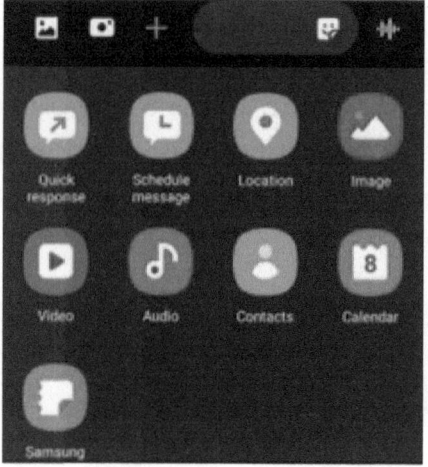

Da esquerda para a direita, começando pelo topo:

- Resposta rápida - Dá uma lista de respostas comuns para que não tenha de digitar nada.
- Programar mensagem - Permite-lhe definir quando a mensagem será enviada.

- Localização - Acções onde se encontra actualmente com uma pessoa. Portanto, se uma pessoa se encontrar consigo e disser "Estou à sua procura, mas não o vejo", pode enviar isto para lhe dar uma ideia melhor.
- Imagem / Vídeo - isto é semelhante a adicionar um vídeo / imagem da sua galeria (também o pode fazer aqui), mas também os procura noutros locais como Google Drive.
- Áudio - Partilhar um ficheiro áudio.
- Contactos - Partilhar a informação de contacto de alguém.
- Calendário - Partilhe um evento no seu calendário com outra pessoa.
- Samsung - Partilhar uma nota Samsung com uma pessoa.

Quando estiver pronto para enviar a sua mensagem, toque na seta com o SMS por baixo dela.

Ver Mensagem

Quando recebe uma mensagem, o seu telefone vibra, chilreia, ou não - tudo depende de como configura o seu telefone. Para ver a mensagem, pode ou abrir a aplicação, ou deslizar para baixo para ver as suas notificações - uma será a mensagem de texto.

ONDE ESTÁ UM APLICATIVO PARA ISSO?

Mencionei anteriormente que podia tocar Angry Birds enquanto falava ao telefone com a sua mãe zangada. Parece divertido? Mas onde está o Angry Birds no seu telefone? Não está! Tem de o descarregar.

Adicionar e remover aplicações na Galáxia é fácil. Dirija-se à sua barra favorita na parte inferior do seu ecrã inicial e toque na aplicação Google Play.

Isto lança a Play Store.

A partir daqui pode navegar pelas principais aplicações, ver as escolhas dos editores, procurar nas categorias, ou, se tiver uma aplicação em mente, procurá-la. A Loja Play não é apenas para aplicações. Pode usar os separadores no topo para ir ao cinema, livros, e música. Qualquer tipo de conteúdo para download que seja oferecido pelo Google pode ser encontrado aqui.

Quando vir a aplicação que deseja, toque nela. Pode ler as críticas, ver capturas de ecrã, e instalá-la no seu telefone. Para instalar, basta tocar no botão instalar - se for uma aplicação paga, ser-lhe-á pedido que a compre. Se não houver preço, é gratuito (ou oferece pagamentos em apps - o que significa que a aplicação é gratuita, mas há características premium dentro dela que poderá ter de pagar).

A aplicação é agora armazenada na secção de aplicação do seu dispositivo (lembre-se da secção a que chega quando desliza de baixo para cima?).

REMOVER APP

Se decidir que já não quer uma aplicação, vá para a aplicação no menu da aplicação e toque e segure-a. Isto faz surgir uma caixa com algumas opções. A que pretende é Desinstalar.

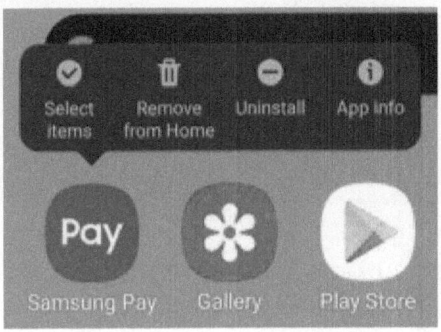

Se descarregou a aplicação a partir da Play Storepode sempre apagá-lo. Algumas aplicações que foram pré-instaladas no seu telefone não podem ser apagadas.

DIRECÇÕES DE CONDUÇÃO

Antigamente, talvez tenha tido um GPS. Era um dispositivo de plástico extravagante que lhe daria indicações para qualquer parte da América do Norte. Pode deitar fora esse dispositivo porque o seu telefone é o seu novo GPS.

Para obter instruções, deslize para abrir as suas aplicações, e vá para a pasta Google. Toque na aplicação Maps.

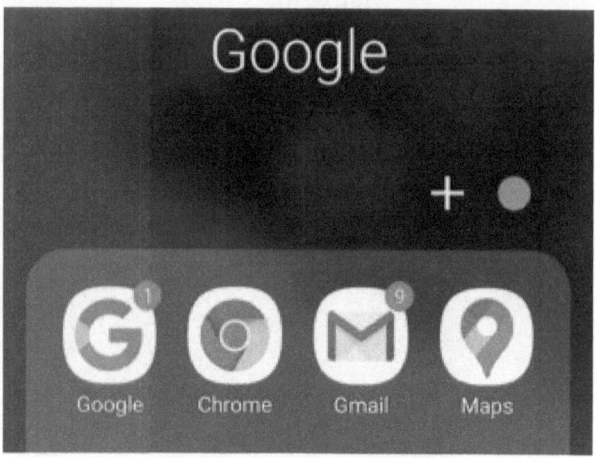

Vai ser automaticamente definido para onde quer que esteja actualmente - o que é ao mesmo tempo assustador e útil.

Para começar, basta escrever para onde quer ir. Estou à procura da Disneyland, Anaheim.

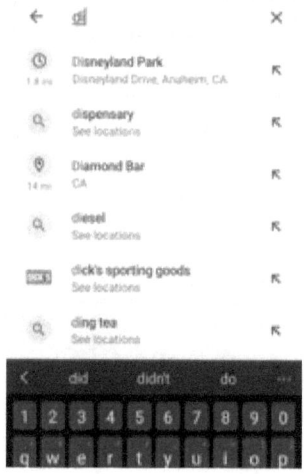

Começa automaticamente a preencher o que pensa que vai escrever e diz-lhe a distância. Quando vir o que deseja, toque nele.

Aponta o local no mapa e também lhe dá uma opção para telefonar, partilhar ou obter direcções para o local. Se quiser fazer zoom para fora ou para dentro, basta usar dois dedos e apertar para dentro ou para fora no ecrã.

Recebe automaticamente instruções de onde se encontra. Quere-lo de um local diferente? Basta tocar no campo "A sua localização" e escrever para onde quer ir. Também pode inverter as direcções, tocando nas setas duplas. Quando estiver pronto para ir, toque em "Start".

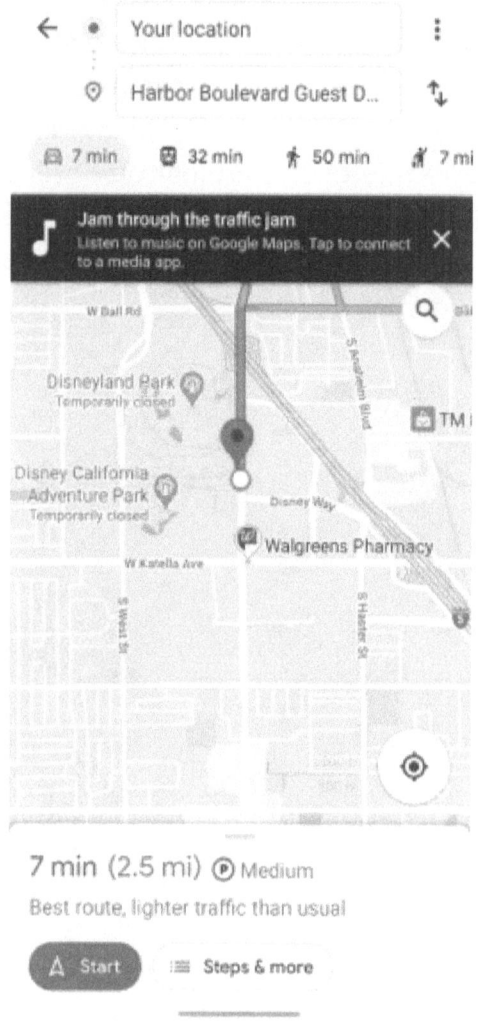

E se não quiser conduzir? E se quiser andar a pé? Ou andar de bicicleta? Ou apanhar um táxi? Há opções para todos eles e muito mais! Toque no deslizador por baixo da barra de endereços para o que preferir. Isto actualiza as direcções - quando caminha, por exemplo, mostra-lhe as ruas de sentido único e também actualiza o tempo que leva a andar.

E se quiserem conduzir mas forem como eu: aterrorizados com as auto-estradas na Califórnia? Há uma opção para evitar auto-estradas. Toque no botão menu no canto superior direito do ecrã e seleccione Opções de rota (há aqui muitas outras coisas como adicionar paragens, partilhar direcções, e partilhar a sua localização).

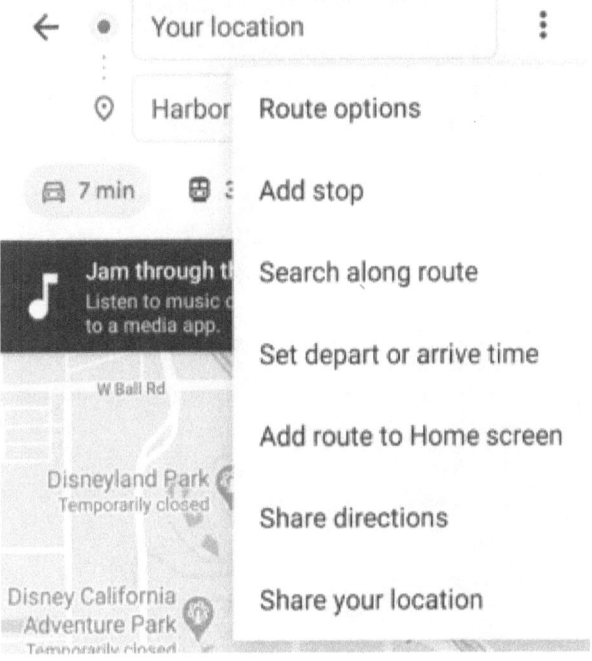

Nas opções da Rota, seleccione o que pretende evitar, e carregue em Done. Está agora redireccionado para uma rota mais longa - como é que os tempos provavelmente mudaram?

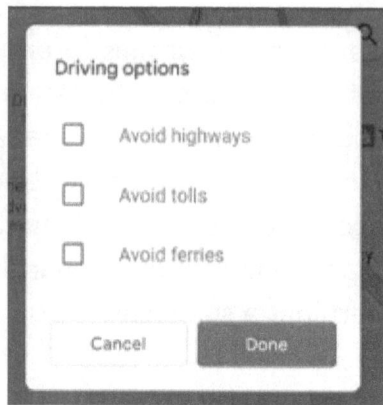

Uma vez obtidas as suas indicações, pode passar para cima para obter direcções curva a curva.

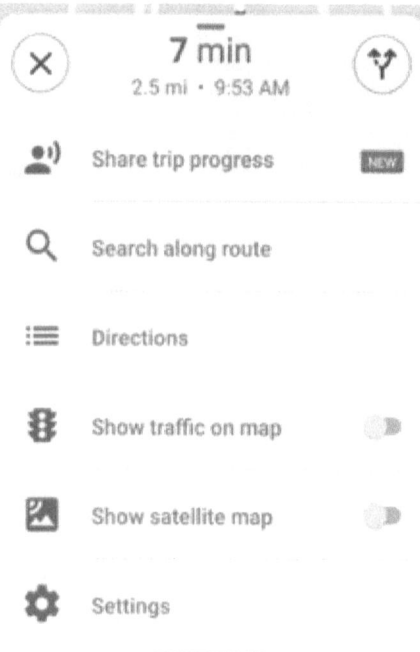

Até se pode ver como se parece a partir da rua. Chama-se Street View.

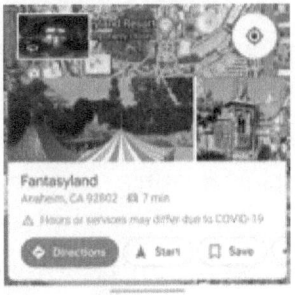

A Street View não é apenas para ruas. O Google está a expandir a funcionalidade em todo o lado. Se segurar o dedo sobre o mapa, haverá uma opção para mostrar o Street View se este estiver disponível. Basta tocar na miniatura. Aqui está um Street View da Disneylândia:

Pode vaguear por todo o parque! Se ao menos também pudesse andar a cavalo! Pode chegar ainda mais perto da acção pegando nos auscultadores Dreamview. Quando enfiar o telefone nisso, pode virar a cabeça e a vista gira consigo.

Street View está também disponível em muitos centros comerciais e outras atracções turísticas. Aponte o seu mapa para o Smithsonian em Washington, DC e obtenha um Street View bastante fixe.

LIVE CAPTIONEM

Uma das maiores características do Android 10 é o live captioning; o live captioning pode transcrever qualquer vídeo que grave e mostrar o que está a ser dito. Funciona surpreendentemente bem e é bastante preciso.

Para o ligar, vá a **Definições** > **Acessibilidade** > **Melhorias auditivas** > **Legenda ao vivo**.

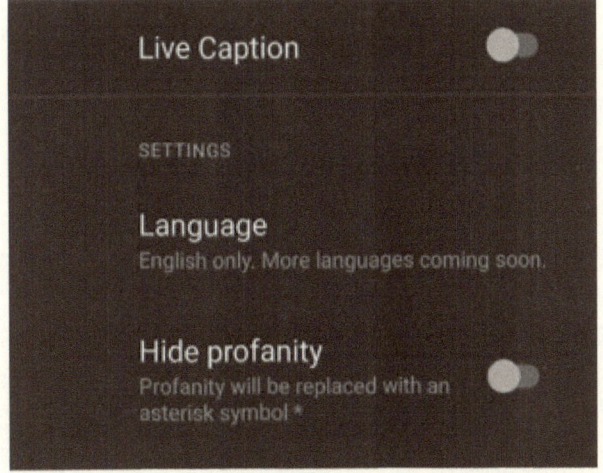

Nas configurações, também se pode alternar profanidades, e, em breve, seleccionar uma língua diferente. Se é algo que só ocasionalmente utilizaria, recomendo que o deixe desactivado, mas que o tenha activado em Live Caption. em controlo de volume. Com isso ligado, tudo o que tem de fazer é premir o botão de volume. Assim que o fizer, verá a opção de o ligar; é a opção de baixo.

Assim que estiver ligado, começará a ver uma transcrição aparecer em segundos.

TAXA DE ACTUALIZAÇÃO

A Galáxia suporta até 120Hz de taxa de refrescamento. Uau, certo? Na verdade, a maioria das pessoas não tem ideia do que isto significa. São quadros por segundo (FPS)-ou 120 FPS. Então, o que é que isso significa? Se estiver a jogar jogos ou a usar algo que tenha acção de movimento rápido, significa que as coisas vão parecer muito mais suaves. Também comerá a sua bateria em pedaços, por isso use com cautela (60Hz é a norma). A duração da bateria de 120 FPS é muito melhor nos telefones mais recentes da Galaxy.

Para a alternar, vá para Settings > Visualização > Suavidade do movimento.

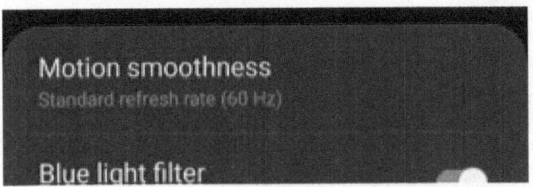

A seguir, seleccionar 120 Hz.

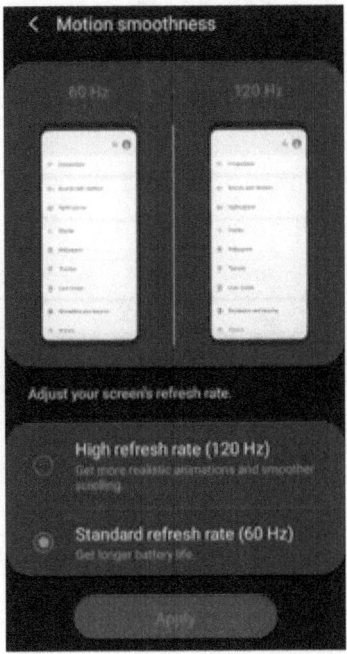

Recomendo ligá-lo apenas para ver como se parece, mas se não se deixar levar por ele, então desligue-o para que possa ter uma bateria mais duradoura.

PARTILHA DE WI-FI

Sempre que tem convidados, quase sempre se pergunta: qual é a sua palavra-chave wi-fi? Se são como eu, então provavelmente aborrece-vos.
Talvez a sua senha seja realmente longa, talvez não goste de dar a sua senha, ou talvez tenha vergonha de dizer que é "Feet$FetishLover1". Seja qual for a razão, então adorará partilhar a sua wi-fi com códigos QR. Os dias de dar esta informação acabaram. Basta dar-lhes um código que eles digitalizem, e eles terão acesso sem nunca saberem qual é a sua palavra-chave.

Para o utilizar, vá às suas definições wi-fi, depois seleccione as opções Wi-Fi e Wi-Fi Direct.

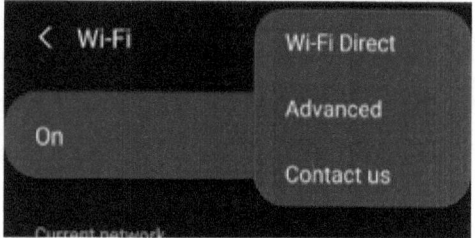

Certifique-se de que ambos os dispositivos têm Wi-Fi ligado e siga as instruções.

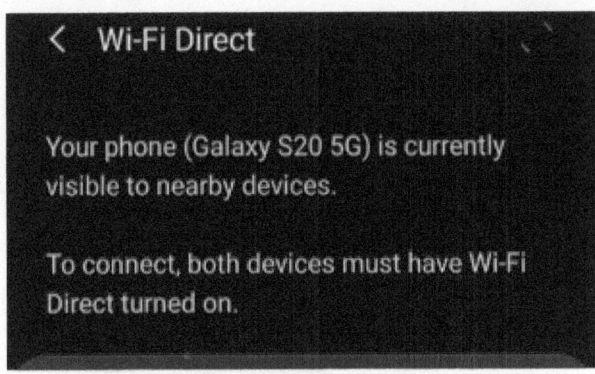

CRIANÇAS INÍCIO

Um lugar onde a Samsung brilha verdadeiramente acima de outras empresas é com as suas características de controlo parental e modo infantil. Sim, outros dispositivos têm o controlo parental, mas a Samsung eleva a fasquia ao criar uma interface que é apenas para crianças.

Com o modo criança, pode ligar e desligar rapidamente para aqueles momentos em que precisa de distrair uma criança.

Para aceder, deslize para baixar a sua barra de notificação, depois deslize uma vez para a direita. É um dos ícones de notificação que terá de adicionar manualmente para utilizar.

A primeira vez que o lançar, terá de descarregar um programa muito pequeno. Demorará alguns segundos, dependendo da velocidade da sua ligação.

Uma vez feito o download, verá o ecrã de boas-vindas e ser-lhe-á perguntado se deseja criar um atalho no seu ambiente de trabalho. Toque em Iniciar quando estiver pronto.

Depois de tocar em Next, vai chegar às principais Samsung Kids UI. Parece um pouco com o seu telefone...apenas mais bonito! Há uma mão cheia de ícones no ecrã, mas notará que cada um deles tem botões de descarga. Isso é porque ainda não estão instalados. Tem de tocar no botão de descarga para cada aplicação que pretende instalar (não mais de três de cada vez).

116 O Guia Insanely Easy da Samsung S23 e S22 Ultra

Passe para a sua esquerda, e verá aplicações não-Samsung. Estas também precisam de ser descarregadas.

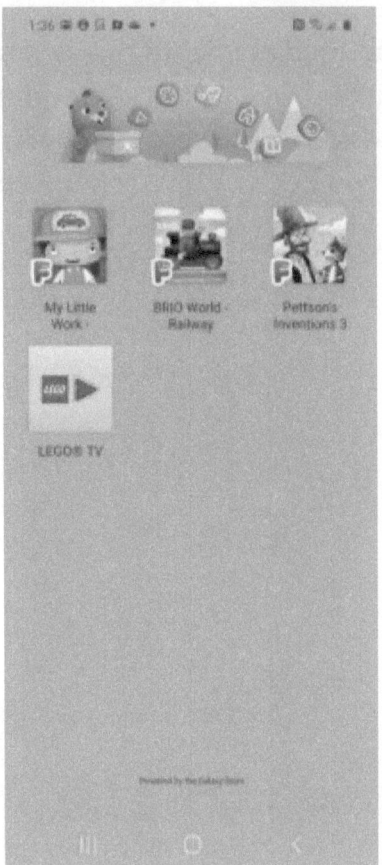

Pode estar a pensar, quão seguro pode ser este modo? Há uma Internet browser mesmo no ecrã inicial! Toque nele e vamos ver!

Irá notar imediatamente que isto não é a Internet da sua mãe! Os únicos sítios web a que podem aceder são os que acrescenta. Querem adicionar um? Toque no botão +Novo sítio web.

Rapidamente notará que todas as aplicações neste modo são muito despojadas. Mesmo a aplicação da câmara, que é bastante inofensiva, tem poucas características. Há um obturador, um alternador para fotos e vídeos, e um botão para efeitos.

O telefone é da mesma maneira. O seu filho não pode abrir a aplicação e telefonar a ninguém. Só podem telefonar para números que você tenha acrescentado. Querem adicionar alguém? Basta tocar no ícone +.

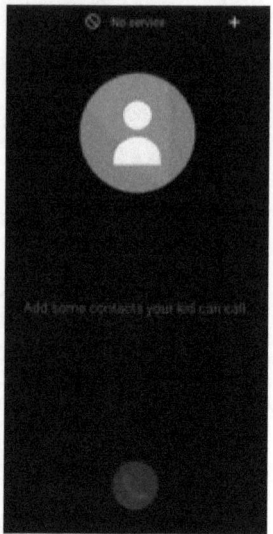

As aplicações pré-instaladas são todas bastante inofensivas, e educativas.

Se houver aplicações que queira remover ou instalar, então toque no botão de opção no canto superior direito.

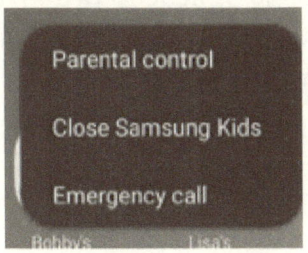

Uma vez colocado o seu alfinete, terá acesso às definições. Aqui poderá controlar o que o seu filho faz e por quanto tempo o faz. Também poderá controlar o que eles têm feito. Pode controlar quanto tempo eles podem gastar em algo como jogos e algo como leitura.

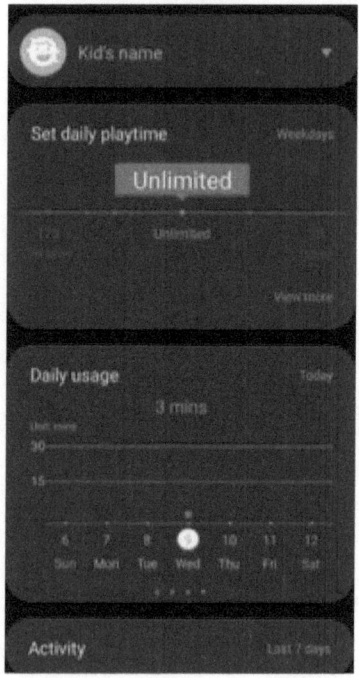

Existe alguma aplicação pré-instalada que não queira que o seu filho veja? Não há problema! Desça um pouco e toque na opção Apps.

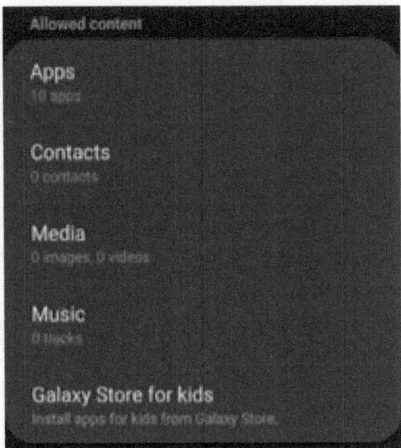

No botão de opções, seleccione Remover e depois seleccione a aplicação que pretende remover.

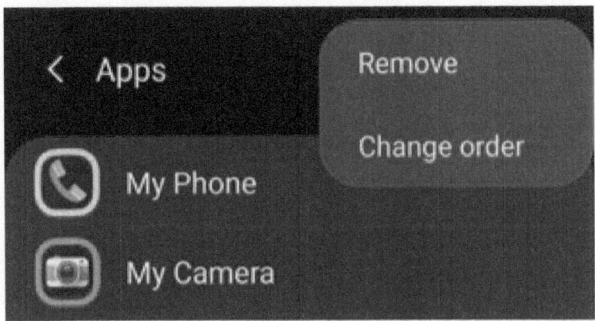

E quanto a outras aplicações? Como as de terceiros? Volte a essa lista e seleccione Galaxy Store para crianças. Isso vai levá-lo a uma loja personalizada para crianças. Não vai ter jogos para adolescentes ou adultos - são os únicos jogos apropriados para crianças.

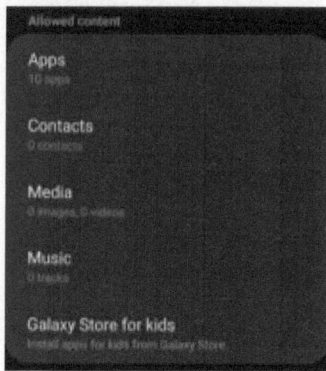

Toque na opção de descarga ao lado de qualquer aplicação que deseje descarregar. Aparecerão quando passar directamente do ecrã inicial das crianças.

Então está tudo bem, mas o que acontece quando se quer voltar à vida adulta? Como se sai deste modo? Demora apenas um segundo! No ecrã inicial, toque no ícone de trás. Irá pedir-lhe o seu código PIN. Uma vez adicionado, está de volta ao modo normal. É isso mesmo!

SMARTTAGS

Se comprou o seu telefone Galaxy quando foi lançado pela primeira vez, então é provável que tenha sido empacotado com um SmartTag; se não, custa $29,99.

SmartTag é um acessório opcional para encontrar as suas engenhocas e dispositivos. Pode prendê-lo ao seu anel rei, colá-lo num comando, colocá-lo na sua bolsa, ou onde quer que perca alguma coisa. Se não conseguir encontrar as suas chaves, então do seu telefone pode pingá-lo e a SmartTag começará a tocar.

Também pode ligar a sua SmartTag a dispositivos domésticos inteligentes como luzes e portas; assim, quando subir, pode fazer um duplo clique na sua etiqueta para executar uma acção como ligar as luzes.

O SmartTag liga-se ao seu telefone com Bluetooth e funciona com uma bateria. Desde que não esteja a pingar o seu aparelho a cada cinco minutos, não deverá ter de substituir a bateria com muita frequência.

Para começar, vá à aplicação SmartThings a partir da pasta Samsung de todas as aplicações; se não a tiver, pode descarregá-la gratuitamente da loja de aplicações. Está incluído com a mais recente actualização do SO, por isso é provável que esteja lá se tiver um novo telefone.

A primeira vez que a aplicação for aberta, terá de concordar com os termos e condições.

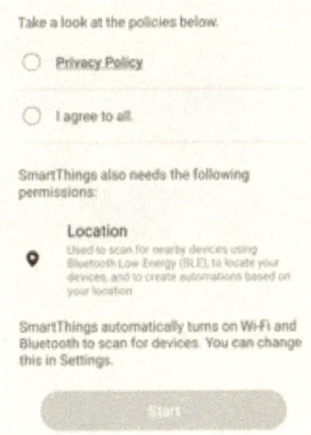

Depois de clicar em iniciar, prima o botão na etiqueta e esta deverá encontrá-la imediatamente. Certifique-se e toque em "Enquanto utiliza a aplicação" no ecrã seguinte.

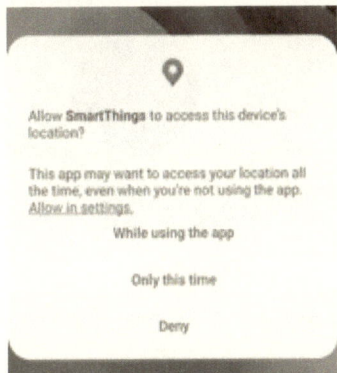

Se a etiqueta estará sempre numa determinada sala, então pode dar-lhe um nome; caso contrário, basta saltar-lhe a etiqueta.

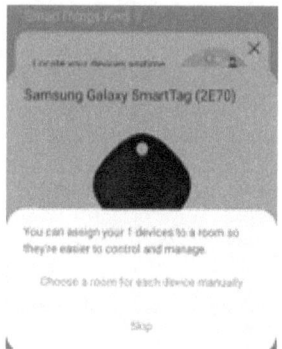

A seguir perguntará se deseja adicionar o dispositivo agora ou mais tarde. Toque em Adicionar Agora.

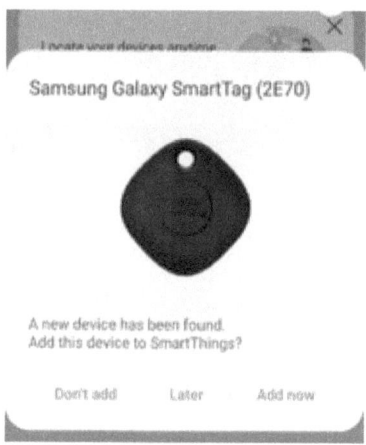

A seguir, confirme que a etiqueta pode saber a sua localização. Precisa de saber a localização para poder trabalhar correctamente.

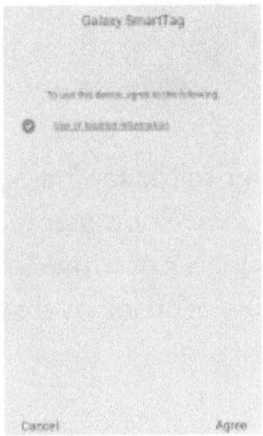

Clique em start next.

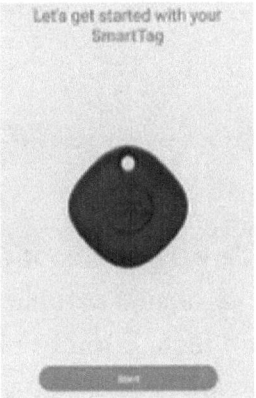

Demorará alguns segundos a preparar tudo.

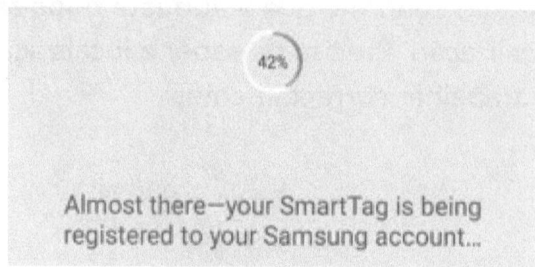

Quando estiver feito, ser-lhe-á pedido que dê um nome à etiqueta. Pode mantê-la como Smart-Tag, mas sendo mais descritiva (isto é, chamar-lhe chaves do carro) é aconselhável se tiver várias SmartTag's.

Verá um par de ecrãs de configuração, depois perguntar-lhe-á se deseja actualizar a SmartTag; recomendo que o faça. É muito rápida e garante que a SmartTag está livre de quaisquer bugs.

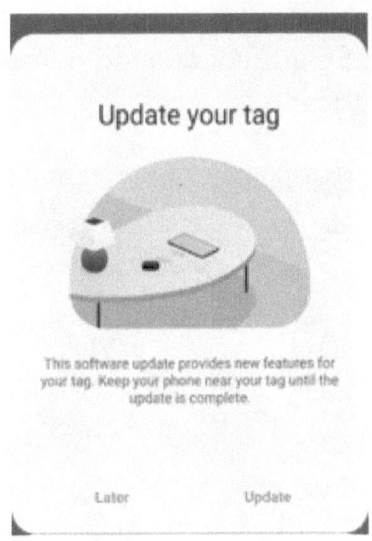

Assim que estiver feito, verá o seu ecrã principal; clique em Get Started.

De seguida, descarregue o software complementar.

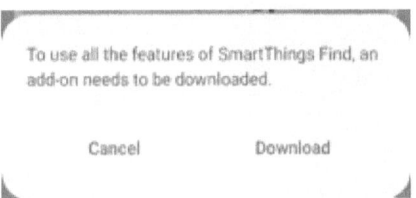

Uma vez terminado, pode abrir novamente o software e poderá tocar no ícone de música para pingar a sua SmartTag; quando o fizer, ela começará a tocar.

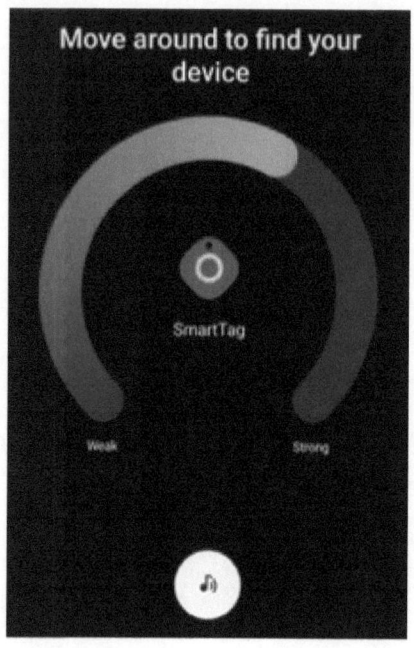

[5]
INTERNET

> Este capítulo abrangerá:
> - Criação de correio electrónico
> - Criação e envio de correio electrónico
> - Gestão de múltiplas contas
> - Navegar na Internet

Quando se trata da Internethá duas coisas que vai querer fazer:
- Enviar e-mail
- Navegar na Internet

ADICIONAR UM E-MAIL CONTA

Quando configurar o seu telefone, irá configurá-lo para a sua Conta Google, que é normalmente o seu correio electrónico.

Pode, no entanto, querer adicionar outra conta de correio electrónico - ou remover a que configurou.

Para adicionar um e-mail, deslize para trazer as suas aplicações, e toque em Definições.

A seguir, toque em Contas.

A partir daqui, seleccione Adicionar conta; também pode tocar na conta que foi criada e tocar em remover conta - mas lembre-se que pode ter mais do que uma conta no seu telefone.

Uma vez adicionado o seu e-mail, ser-lhe-á perguntado que tipo de e-mail é. Siga os passos após seleccionar o tipo de e-mail a adicionar no seu e-mail, palavra-passe, e outros campos obrigatórios.

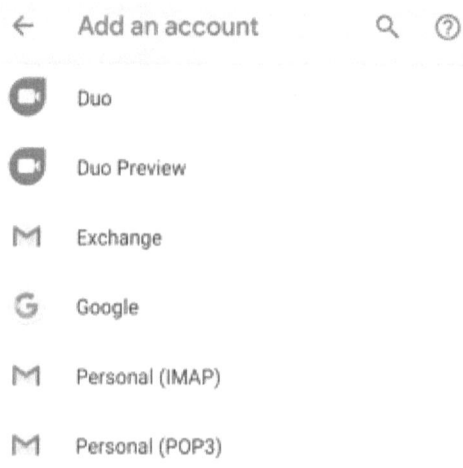

CRIAR E ENVIAR UM E-MAIL

Para enviar um e-mail utilizando o Gmail (a aplicação de e-mail nativa da Samsung), deslize para chegar às suas aplicações, toque no Gmail e toque em Compose a New Email (o pequeno lápis vermelho redondo, no canto inferior direito). Quando tiver terminado, toque no botão Enviar.

Também pode utilizar a Loja Play do Google para encontrar outras aplicações de correio electrónico (tais como o Outlook).

GERIR CORREIO ELECTRÓNICO MÚLTIPLO CONTAS

Se tiver mais do que uma conta Gmail, toque nas três linhas no canto superior esquerdo do seu ecrã de correio electrónico; isto faz aparecer um menu deslizante. Se tocar na pequena seta ao lado do endereço de correio electrónico, este desce e mostrará outras contas. Se nenhuma estiver listada, pode adicionar uma.

NAVEGAR NA INTERNET

O navegador web nativo do Google é o Chrome. Pode utilizar outros navegadores (que podem ser encontrados na Loja Play do Google). No entanto, este livro apenas cobrirá o Cromo.

Comece por tocar no Crómio ícone do navegador a partir da sua barra favorita, ou entrando em todos os programas.

Se utilizou o Cromo num ambiente de trabalho ou em qualquer outro dispositivo, então este capítulo não será exactamente uma ciência de foguetões - tal como a aplicação de e-mail, muitas das mesmas propriedades que se encontram no ambiente de trabalho existem na versão móvel.

Quando o abrir, verá que é um navegador bastante básico. Há três coisas principais que vai querer anotar.

- **Barra de endereços** - Como adivinharia, é aqui que se coloca a Internet endereço a que pretende ir (google.com, por exemplo); o que deve compreender, no entanto, é que não se trata apenas de uma barra de endereços. Esta é uma barra de pesquisa. Pode usá-la para procurar coisas tal como procuraria algo no Google; quando carrega na tecla enter, leva-o para a página de resultados de pesquisa do Google.

- **Botão Tab** - Como o seu espaço é limitado, não vê todas as suas tabulações como num navegador normal; em vez disso, recebe um botão que lhe diz quantas tabulações estão abertas. Se lhe tocar, pode alternar entre as abas, ou passar por cima de uma das páginas para fechar a aba.

- **Botão Menu** - O último botão traz um menu com uma série de outras opções de que falarei a seguir.

```
→  ☆  ⬇  ⓘ  ↻

New tab

New incognito tab

Bookmarks

Recent tabs

History

Downloads

Share...

Find in page

Add to Home screen

Desktop site                    ☐

Settings

Help & feedback
```

O menu é bastante simples, mas há algumas coisas que vale a pena notar.

"Nova aba incógnita" abre o seu telefone em navegação privada; isso não significa que o seu IP não seja rastreado. Significa que o seu histórico não é gravado; significa também que as palavras-passe e os cookies não são armazenados.

Um pouco mais abaixo está "História"; se quiser que a sua história seja apagada para que não haja registo no seu telefone de onde foi, então vá aqui e limpe a sua história de navegação.

Se quiser apagar mais do que apenas websites (palavras-passe, por exemplo) então vá a Settings na parte inferior do menu. Isto abre configurações mais avançadas.

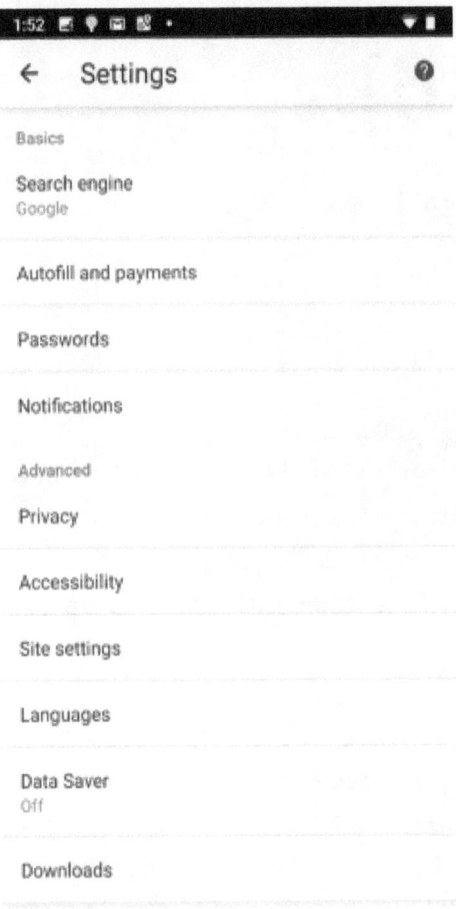

[6]
Snap It!

> Este capítulo abrangerá:
> - Como tirar diferentes fotografias
> - Como fazer vídeos
> - Câmara definições
> - Diferentes características da câmara

A câmara é o pão e a manteiga do telefone Samsung. Muitas pessoas consideram que a Samsung Galaxy é a maior máquina fotográfica de sempre num telefone. Deixo isso para vocês decidirem. Pessoalmente, penso que todas as câmaras fotográficas dos telefones de alto nível têm os seus próprios prós e contras.

Este capítulo é baseado no Galaxy Ultra. Como mencionado anteriormente no livro, nem todos os smartphones são iguais em termos de câmaras fotográficas; é uma das diferenças mais notáveis com os telefones. O Ultra tem mais lentes, mais zoom e mais pixels.

Isto significa que se estiver a utilizar um telefone não Ultra, algumas das coisas mencionadas neste capítulo não se aplicarão a si. Portanto, se estiver a ler e a pensar "onde está isso no meu telefone", então provavelmente não tem um Ultra.

O FUNDAMENTO

Está pronto para colocar o seu Ansel Adams? Vamos começar por abrir a Câmara app

Quando se abre a aplicação, esta começa no modo de câmara básica. A UI pode parecer bastante simples, mas não se deixe enganar. Há muitos controlos.

Na parte inferior do ecrã está o obturador (para tirar a sua fotografia) - limpe-o para baixo para tirar uma "fotografia de ruptura" que tira várias fotografias ao mesmo tempo, e segure-o para baixo para alternar para vídeo. À direita do obturador está o botão de inverter para a câmara frontal.

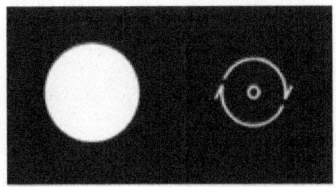

Na parte superior da aplicação da câmara é onde encontrará a maioria das suas definições.

Começando da esquerda para a direita, existe o ícone de definições. A maioria das configurações são apenas interruptores de comutação e fáceis de compreender.

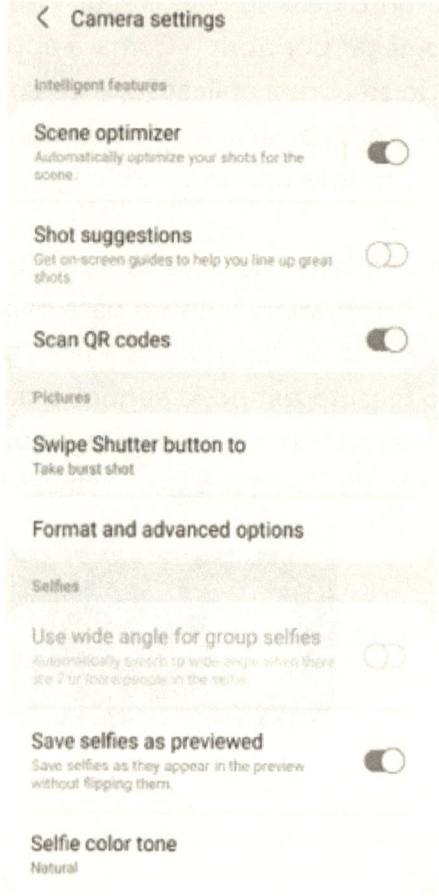

Ao lado disso está a configuração do flash. Toque que lhe permitirá seleccionar sem flash, flash automático, ou flash forçado.

A opção seguinte é o temporizador. Isto permite adiar o momento em que a fotografia será tirada. É melhor usado com um tripé.

A opção seguinte permite-lhe escolher o tamanho da fotografia. A melhor opção é 108 MB. Isso vai dar-lhe uma imagem incrivelmente *grande*. Vai também tirar-lhe as duas opções seguintes. Se notar que estão cinzentas...é por isso. Este é o único modo em que não pode utilizá-los.

E quais são essas duas opções? A primeira liga e desliga o movimento. E a segunda permite utilizar filtros especiais para melhorar a fotografia.

Uma nota final sobre fotografias (e isto também se aplica aos vídeos): para fazer zoom, belisca-se para dentro e para fora.

CÂMARA MODOS

Mas tirar fotografias é assim ontem, não é? Os smartphones estão carregados com modos diferentes e a Samsung não é obviamente estranha a alguns realmente fantásticos.

Pense em modos como diferentes lentes. Tem a sua lente básica de câmara, mas depois também pode ter uma lente para olho de peixe e fechar. Se olhar para o fundo da aplicação da sua câmara, pode deslizar para a esquerda e para a direita para chegar aos diferentes modos.

Há três principais na aplicação: fotos (que eu cobri acima), vídeos, e Single Take.

Se já teve um smartphone antes, então o vídeo será provavelmente familiar para si, mas o Single Take será provavelmente novo.

Rapidamente, o modo vídeo tem características semelhantes ao modo fotográfico. Começando pelo fundo, pode escolher o tipo de vídeo que está a tirar - três folhas puxarão o zoom para trás e darão uma imagem mais ampla, e uma folha puxará para dentro e dará uma imagem mais próxima.

No topo, o menu é em grande parte o mesmo que o da fotografia.

No entanto, vou salientar uma coisa: o ícone 9:16 lançará a relação de vídeo. Vídeo pode realmente registar todo o caminho até 8K! Mas tenha cuidado! Como provavelmente pode adivinhar, um vídeo de 8K vai ser *enorme*. Uma vantagem para esse modo é que é capaz de tirar fotografias muito boas do vídeo.

Tal como os outros modos, beliscar para dentro e para fora permite aumentar e diminuir o zoom.

O Single Take é um modo bastante fixe. Quando se pressiona, começa a gravar um clip de 15 segundos. Não há filtros ou rácios que se possam alterar aqui. É despojado.

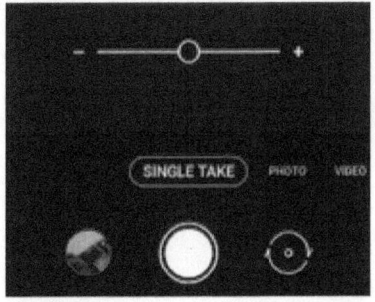

A beleza deste modo é o facto de utilizar um computador para escolher a melhor fotografia do vídeo. Quando os quinze segundos acabarem, começará a povoá-los.

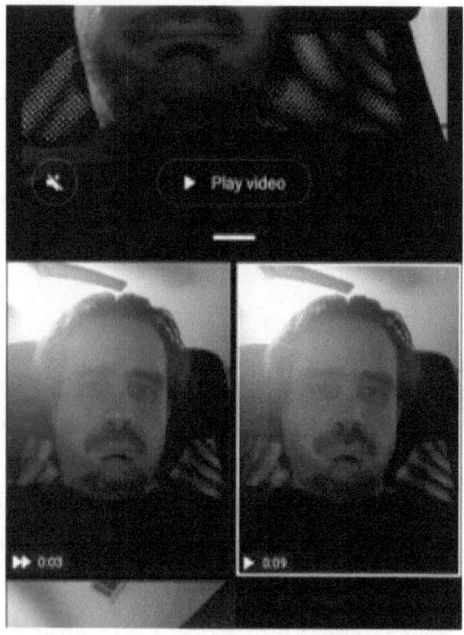

Se clicar na opção Mais no deslizador, verá que existem de facto vários outros modos de fotografia ao telefone. Mais doze modos, para ser exacto.

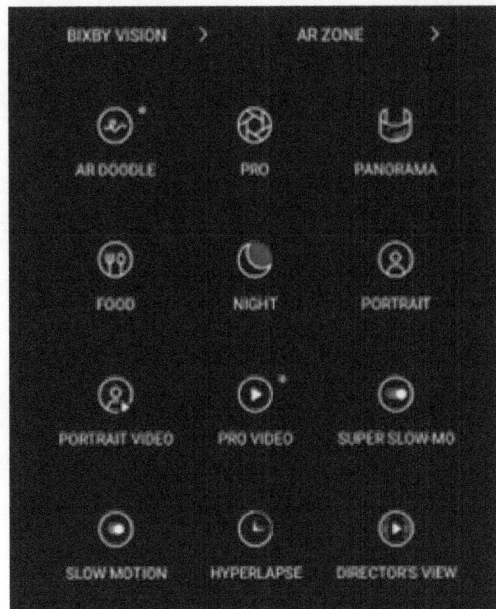

AR Doodle costumava ser uma característica na gravação de vídeo, mas agora foi movido para o seu próprio modo de câmara. O modo vamos desenhar as coisas enquanto se grava.

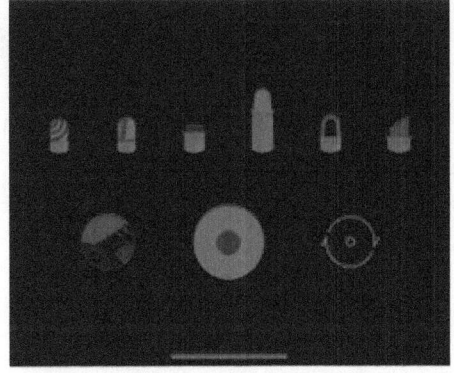

Se pensou que o modo Foto estava um pouco desprovido de opções e definições, espere até ver o modo Pro!

Pode ajustar coisas como ISO, auto focus e muito mais.

Há também um Vídeo Pro modo com um conjunto de características semelhantes.

Panorama permite criar uma fotografia panorâmica; é óptima para fotografias de paisagens e paisagens urbanas.

Os alimentos mudam de configuração para dar o foco e efeitos mais ideais para tirar fotografias de alimentos.

O modo nocturno irá ajudá-lo a obter excelentes fotografias com pouca iluminação.

Retrato e Vídeo de Retrato (anteriormente chamado Live Focus e Live Focus Video) são óptimos para fotos de perto de pessoas onde se quer desfocar o fundo.

Super Slow-Mo, Slow motion e Hyperlapse permitem a captura de vídeos em câmara lenta ou vídeos em time-lapse.

O modo final chama-se Director's View, e é bastante espectacular! Permite gravar vídeo com a câmara frente e verso ao mesmo tempo. É perfeito para captar a reacção das pessoas, fazer visitas guiadas, e muito mais. Quando o utilizar, verá o ecrã principal, depois a outra câmara no canto inferior esquerdo.

Toque na seta acima da Vista do Director para alternar entre a câmara que está a utilizar. Basta tocar na pré-visualização para alternar.

PERITO EM BRUTO

Pode estar familiarizado com RAW; mas Expert RAW? O que é isso tudo? Fotografar em RAW é algo apenas nos dispositivos Ultra Samsung; é uma configuração de câmara profissional que utiliza muito mais dados do que uma foto JPEG tradicional - para ser claro: isto é algo com que quer ter cuidado porque vai ocupar muito mais espaço e ser mais difícil de partilhar.

Por defeito, a câmara filmará com um formato tradicional de ficheiro JPEG ou HEIC. Quando o faz, está a criar um único formato de ficheiro. É perfeito para a maioria das pessoas. Mas os fotógrafos gostam de editar fotografias, e é aí que entra o Expert RAW. Expert RAW cria um multi-frame, o que dá muito mais flexibilidade para editar uma fotografia.

Expert Raw costumava ser uma aplicação descarregada da loja de aplicações; mas com One

UI 5.1, está agora integrada na aplicação da câmara - enquanto ainda é uma aplicação em si mesma. Para o utilizar (se o seu telefone o suportar), vá para o separador Mais na aplicação da câmara; a configuração é um atalho e levá-lo-á à aplicação Expert Raw - pode ser necessário descarregar.

TOM DE COR NA SELFIE

A câmara Selfie apresenta dois tons de cor: Natural e Brilhante. Por defeito, o Tom Natural é seleccionado. Como o nome implica, o brilho irá iluminar o seu tom normal.

Para a utilizar, ligue a câmara de selfie, depois toque no botão de efeitos no canto superior direito (parece um pouco como uma varinha de condão). A partir daqui, seleccionar a opção Tom de Cor, depois alternar entre Natural ou Brilhante.

EDIÇÃO DE FOTOGRAFIA S

Depois de tirar uma fotografia, pode começar a afiná-la para a tornar realmente cintilante. Pode aceder à edição, abrindo a fotografia para a qual deseja fazer edições. Isto é feito abrindo-a a partir da aplicação da câmara, clicando na pré-visualização da fotografia (ao lado do obturador):

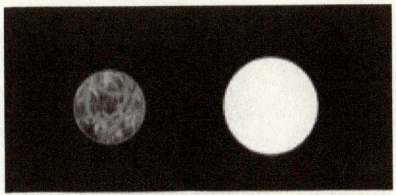

Ou abrindo a aplicação Foto.

Mais adiante neste capítulo, escreverei um pouco mais sobre como as fotos são organizadas, e como se pode mudar as coisas em volta. Por enquanto, estamos apenas a falar de editar uma fotografia, por isso, para efeitos desta secção, toque em qualquer fotografia para a editar.

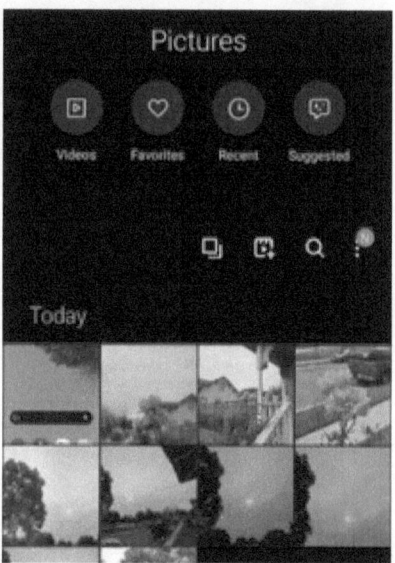

Quando se abre uma fotografia, as opções que se vêem variam dependendo do tipo de fotografia que se abre.

O exemplo abaixo é uma foto Live Focus.

Como o nome sugere, o pano de fundo é borrado. Há também aqui uma opção: Mudar o efeito de fundo. Isto tecnicamente não é editar uma foto - quando se edita uma foto, vai-se para uma aplicação diferente.

Quando tocar em mudar o fundo, terá quatro opções. Com cada opção, pode alterar a intensidade do desfoque com o botão deslizante.

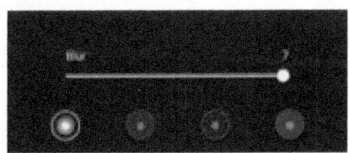

O borrão principal é simplesmente chamado "borrão"; o seguinte é um borrão de rotação.

A terceira é um borrão de zoom.

O último tipo de borrão é o ponto de cor, o que torna a cor do objecto e o fundo preto e branco.

Se fizer alguma alteração aqui, certifique-se sempre e toque em Aplicar para o guardar.

Single Take photos also work a little different when it comes to editing because you have to select which photo you want to edit.

Independentemente do tipo de fotografia, haverá várias opções que são a mesma coisa. Começando pelo topo, aquele pequeno ícone de jogo irá mostrar a sua foto sem fios noutro dispositivo (como uma televisão compatível).

Ao lado do ícone da peça é um ícone que se assemelha a um olho. Isso irá digitalizar a sua fotografia e tentar identificar o que é a fotografia. No exemplo abaixo, encontra uma flor e dá um link para ver mais. Esta funcionalidade funciona bastante bem, mas nem sempre é perfeita.

Ao lado do ícone do olho está um ícone de opção. Isto permitir-lhe-á definir uma fotografia como papel de parede, imprimi-la, etc. Se tocar em Detalhes, também lhe permitirá ver quando a foto foi tirada, a sua resolução, e quaisquer etiquetas que lhe tenham sido atribuídas.

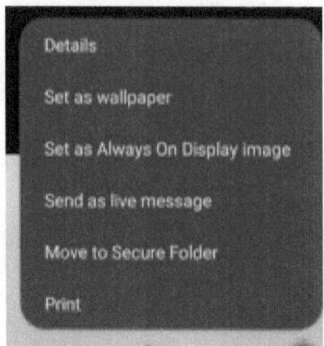

Na parte inferior de qualquer fotografia estão quatro opções adicionais. O ícone do coração favorece a foto, o lápis permite-lhe editá-la (mais sobre isso num segundo), os três pontos permite-lhe partilhá-la, e o lixo permite-lhe apagá-la.

Toque no ícone do lápis e vamos ver como editar uma fotografia a seguir. Independentemente da foto, verá as mesmas opções na parte inferior.

A primeira opção é cortar a fotografia. Para recortar, arrastar os pequenos cantos brancos.

A seguir é a opção de filtro. O selector permite seleccionar o tipo de filtro, e por baixo deste é um selector para ajustar a intensidade do filtro.

Brilho é o ícone seguinte. Cada ícone aqui ajusta uma configuração diferente (tal como o contraste da foto).

O ícone do autocolante irá lançar Bitmoji (discutirei isto mais tarde no capítulo), mas o que isto faz é deixá-lo colocar autocolantes em cima da sua fotografia.

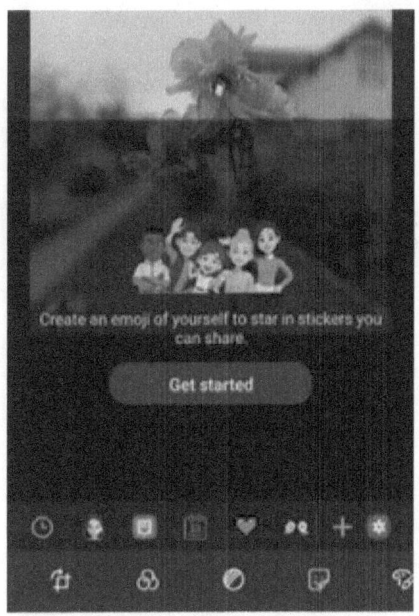

O ícone do pincel permite-lhe desenhar em cima da sua fotografia.

E o ícone de texto permite-lhe escrever em cima da sua fotografia.

Se não quiser passar tempo a editar a sua fotografia - só quer que ela fique melhor sem esforço, há uma opção no canto superior esquerdo que o fará por si - ela colhe, roda, e adiciona um filtro a ela. Dependendo de quão bem tenha tirado a foto, pode não ver muita diferença.

No canto superior direito encontra-se um menu de opções com ainda mais opções para editar a sua fotografia.

A primeira é a cor Spot. Usando os seleccionadores pequenos, pode-se remover uma cor da foto para fazer sobressair o assunto. Para guardar quaisquer alterações aqui, certifique-se e toque na marca de verificação; para cancelar alterações, toque no X.

O estilo aplica filtros que dão à fotografia um aspecto mais pop- artístico se quiser que a sua fotografia se pareça com uma pintura, por exemplo. O selector abaixo ajustará a intensidade.

A opção avançada permitir-lhe-á fazer correcções de cor.

Se tirou uma fotografia com a resolução mais alta e está a ter dificuldade em partilhá-la, pode usar a opção Redimensionar imagem para a tornar mais pequena.

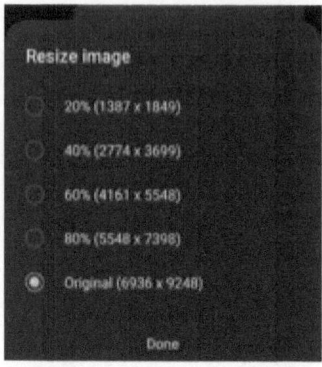

Uma vez terminadas as edições, certifique-se e toque em Save.

EDIÇÃO DE VÍDEOS

A edição de um vídeo partilha muitas características comuns às fotografias, por isso certifique-se e leia primeiro essa secção, pois não vou repetir características já referenciadas acima.

Para começar, abra o vídeo que pretende editar, depois toque para o reproduzir. Na janela de reprodução, vai haver um par de coisas que deve ter em atenção.

No lado superior esquerdo, verá o ícone abaixo. Isto permite-lhe capturar uma fotografia do vídeo. Pode fazê-lo com qualquer resolução, mas encontrará as melhores fotografias a partir de um vídeo de 8K.

No lado superior direito está um GIF botão. Isto permitir-lhe-á criar um GIF a partir do seu vídeo.

Notará que o vídeo tem as mesmas opções no fundo (assumindo que não o tenha reproduzido). Para o editar, basta tocar nesse lápis.

A primeira opção que verá é cortar o vídeo. Para cortar basta arrastar as barras brancas antes e depois do videoclipe.

A seguir é o filtro de cor, que funciona de forma quase idêntica ao filtro da fotografia.

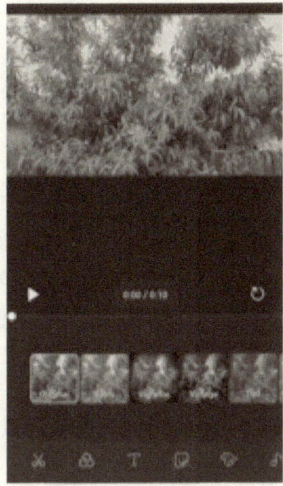

O ícone de texto vem depois disto e deixa-o escrever em cima da fotografia.

A inserção do autocolante emoji é depois disto.

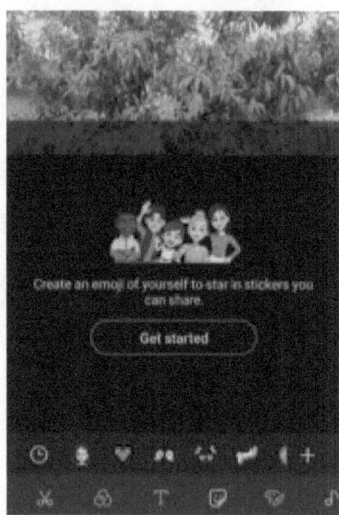

E o pincel é o segundo a durar.

O último ícone é para adicionar som. Pode-se adicionar música ou qualquer outra coisa que se deseje. Também pode usar o cursor em Vídeo som para tornar o som original dos vídeos mais suave (ou inexistente) - assim, por exemplo, poderia remover todo o som de um jantar familiar, e substituí-lo por música.

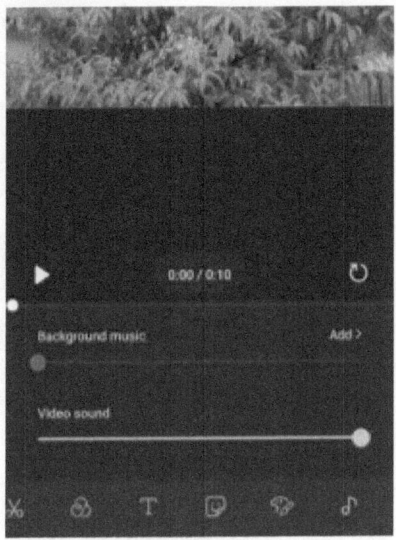

No topo, há uma opção: resolução. Se tiver gravado em 8K e for demasiado grande, pode usar esta opção para a tornar mais pequena.

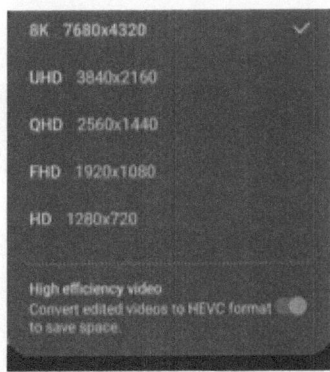

ORGANIZAÇÃO DAS SUAS FOTOGRAFIAS E VÍDEOS

O melhor das fotografias móveis é que tem sempre uma câmara pronta para capturar eventos memoráveis; o mau das fotografias móveis é que tem sempre uma câmara pronta para capturar eventos, e verá que tem centenas e centenas de fotografias muito rapidamente.

Felizmente, a Samsung torna muito simples a organização das suas fotografias para que possa encontrar o que procura.

Vamos abrir a Galeria app e ver como organizar as coisas.

Galaxy mantém as coisas muito simples, tendo apenas quatro opções na parte inferior do seu ecrã.

Existem quatro opções adicionais no topo.

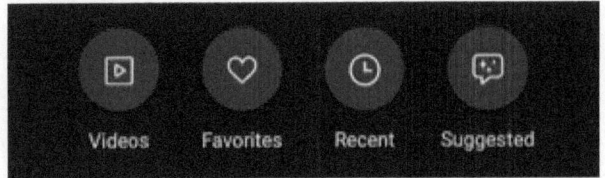

No canto superior direito, há três pontos, que é o menu de opções de fotografia; esse menu está lá, não importa onde se encontre na Galeria app.

Ao tocar nesse menu, terá várias mais opções. A partir deste menu, pode partilhar um álbum, criar um GIF / colagem / Slideshow do álbum, ou editar as fotos / vídeos nele contidos.

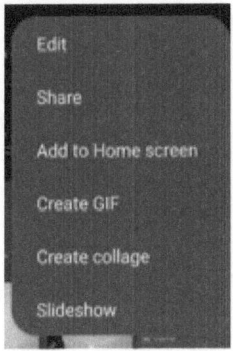

Se houver algo que esteja a tentar encontrar, toque na lupa. Pode procurar pelo que é (um Live

Focus, vídeo, etc.), pode procurar por etiquetas, pode escrever uma expressão (fotos felizes, por exemplo).

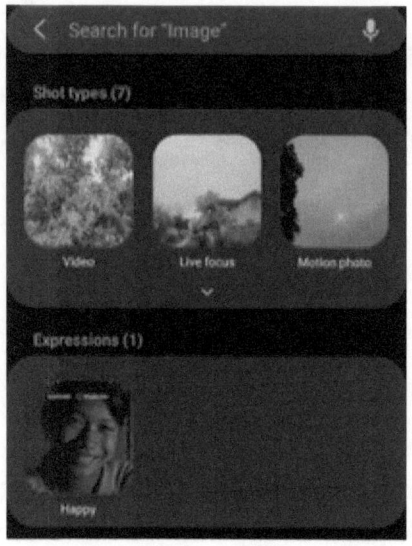

Quando tocar em Álbuns, verá os seus álbuns (a Samsung criará automaticamente alguns para si), e pode tocar em opções para criar um novo álbum.

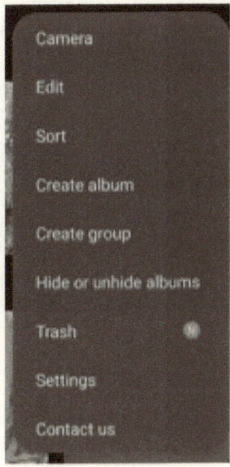

As histórias permitem-lhe captar todas as suas aventuras de vida; pode criar uma nova história da mesma forma que criou um álbum.

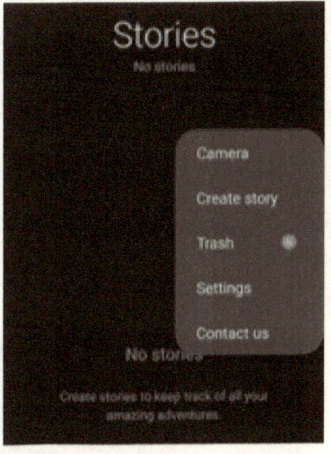

A última opção é partilhar as suas fotografias. Para começar, toque no botão vermelho

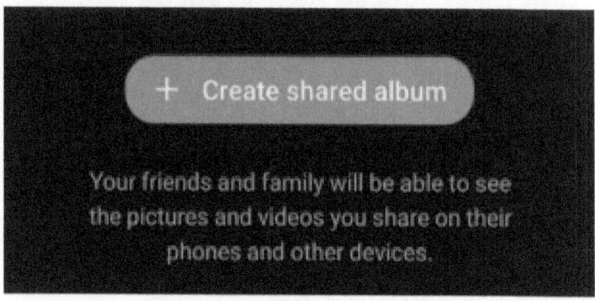

A seguir, digite o número de telefone de uma pessoa ou a identificação da Samsung.

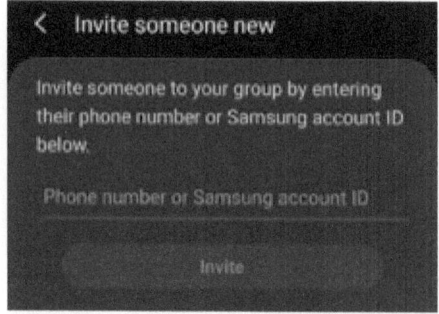

Uma vez criado o seu álbum partilhado, pode tocar no ícone + para adicionar fotografias ao mesmo.

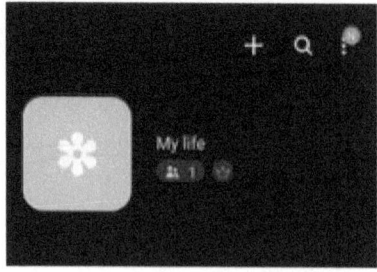

Não é necessário adicionar todas as fotos de uma só vez. Pode continuar a adicioná-las ao longo do tempo.

RECORTAR ASSUNTO DA FOTO

Se pressionar durante muito tempo sobre o assunto de uma foto e esperar, o objecto será cortado da foto e poderá colá-lo em qualquer outro lugar - como um Google Doc ou e-mail; quando for colado, apenas o assunto aparecerá - o fundo será removido.

PESQUISA NA GALERIA

A procura de fotografias é diferente daquilo a que se pode estar habituado - ou bastante mais esperto do que aquilo a que se está habituado. Pode procurar locais e pessoas específicas, mas também pode procurar artigos - por isso, se a pessoa estava a usar óculos de sol ou um casaco.

BITMOJI

Bitmoji é o equivalente Samsung de Memoji no iPhone; basicamente permite-lhe criar um avatar de si mesmo que pode utilizar em fotos e mensagens de texto.

Para começar, vá para a Câmara app, depois seleccionar Mais, e finalmente tocar em AR Zone.

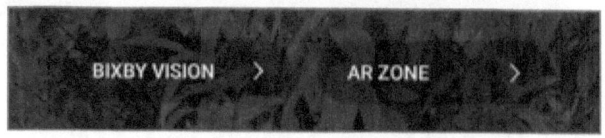

A seguir, toque no AR Emoji Câmara opção.

Antes de se poder divertir, terá de tirar uma fotografia de si próprio. Certifique-se de que se encontra numa área com boa iluminação para obter os melhores resultados.

Uma vez tirada a fotografia, seleccionar o ícone do género. São as seguintes: macho adulto, fêmea adulta, criança macho, criança fêmea. Uma vez feita a sua selecção, terá de esperar alguns segundos para que ela analise a fotografia.

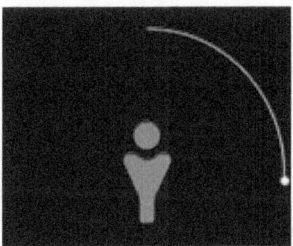

A seguir, pode começar a usar as opções para mudar a sua aparência e o que o seu avatar está a usar.

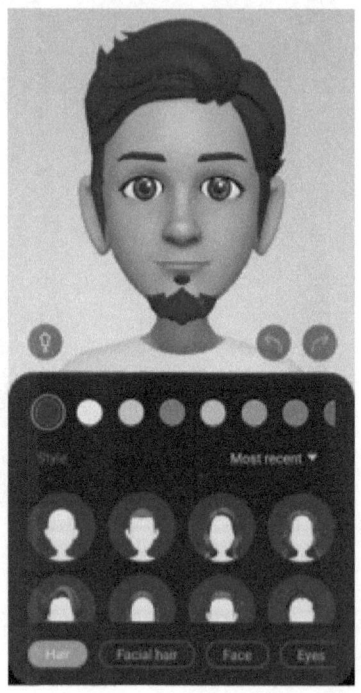

Poderá agora utilizar a sua Câmara AR para tirar fotografias com a cabeça do seu avatar a substituir a cabeça de outras pessoas!

Também pode deslizar por cima e seleccionar outros avatares pré-fabricados. O meu favorito é o da Disney.

Na parte inferior da câmara está um selector para seleccionar as diferentes câmaras de AR modos. O espelho, por exemplo, colocará o seu avatar na moldura da foto.

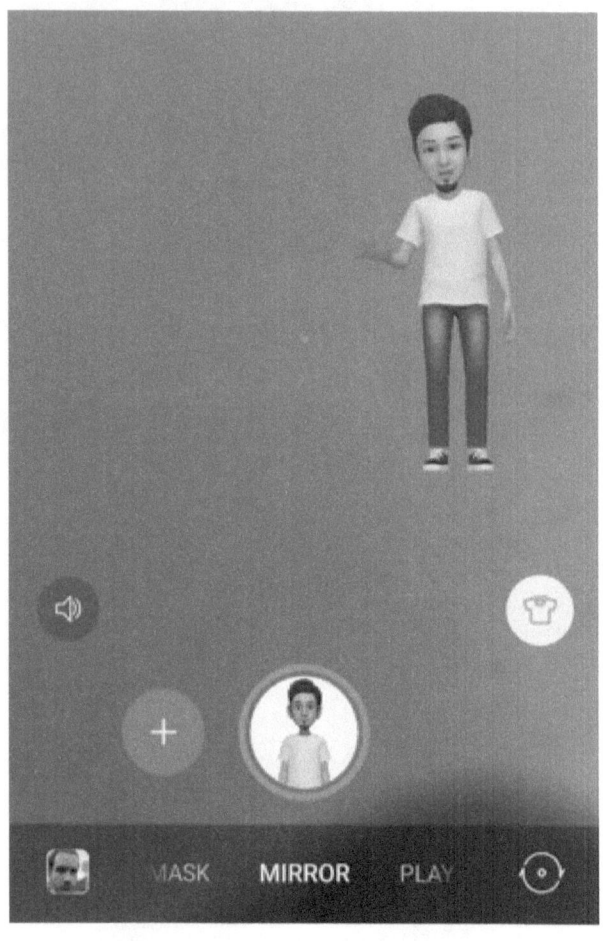

[7]
INDO PARA ALÉM

> Este capítulo abrangerá:
> - Configurações do sistema

Se quiser assumir o controlo total da sua Samsung, então precisa de saber onde estão as definições do sistema e o que pode e não pode ser alterado lá.

Primeiro, a parte fácil: as configurações do sistema são localizadas com o resto das suas aplicações. Desloque-se para cima e para baixo para "Settings."

Isto abre todas as configurações disponíveis:
- Ligações
- Sons e vibrações
- Notificações
- Mostrar
- Wallpaper
- Temas
- Ecrã inicial
- Ecrã de bloqueio
- Biometria e segurança
- Privacidade
- Localização
- Contas e cópias de segurança
- Google
- Características avançadas
- Bem-estar digital e controlo parental
- Gestão Geral
- Apps
- Gestão de baterias e dispositivos
- Acessibilidade
- Actualização de software
- Dicas e ajuda
- Sobre o telefone

Vou cobrir o que cada cenário faz neste capítulo. Há muitas definições! Precisa de encontrar algo rapidamente? Use a lupa para cima. Antes de olhar para as definições, contudo, toque no avatar da pessoa no canto superior direito. Isso vai permitir-lhe acrescentar informações pessoais.

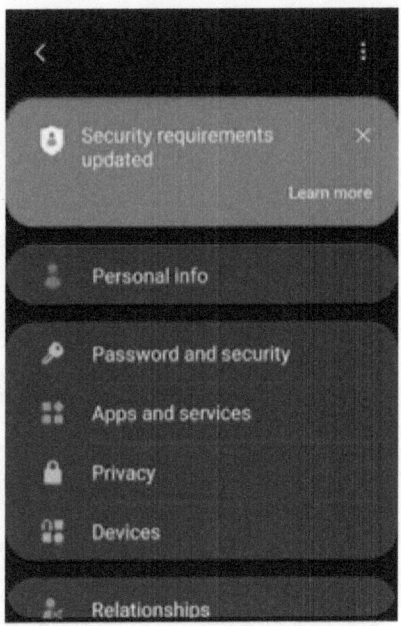

LIGAÇÕES

Esta configuração, como a maioria das configurações, faz exactamente o que parece: gere a forma como as coisas se ligam à Internet, Bluetooth, e NFC pagamentos (ou seja, cartões de crédito móveis).

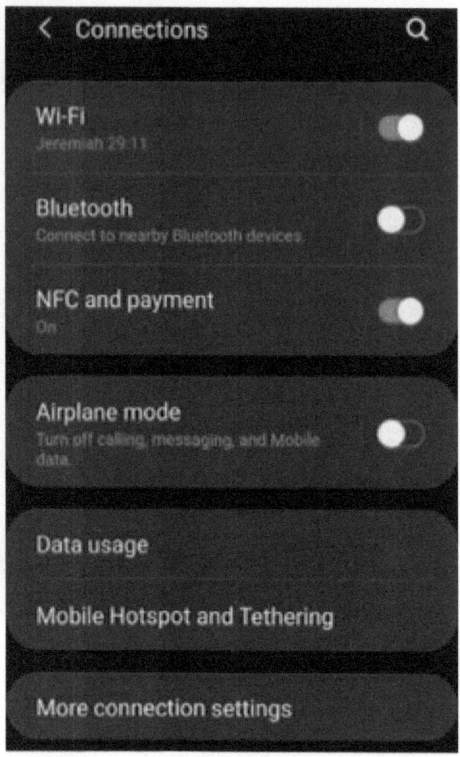

A utilização de dados diz-lhe a quantidade de dados que utilizou; ao tocar neles dá-lhe uma visão mais profunda, para que possa ver exactamente quais as aplicações que utilizaram os dados.
Porque é que isto é importante? Para a maioria, provavelmente não será. Vou dar um exemplo de quando isso me ajudou: Trabalho muito em movimento; uso o wireless no meu telefone para ligar o meu portátil (que se chama amarrar); o meu MacBook foi configurado para fazer o backup para a nuvem, e pouco sabia eu que estava a fazer isto enquanto me ligava ao telefone...20GB mais tarde,

consegui identificar o que aconteceu ao olhar para os dados.

Abaixo deste é o Hotspot e o tethering. Isto é quando utiliza os dados do seu telefone para ligar outros dispositivos; pode utilizar o plano de dados do seu telefone, por exemplo, para utilizar a Internet no seu iPad. Alguns transportadores cobram um extra por esta mina (AT&T) inclui-a no plano. Para a utilizar, toque na definição e ligue-a, depois nomeie a sua rede e palavra-passe. A partir do seu outro dispositivo, encontra a rede que configurou, e liga-se.

O modo Avião é o próximo. Esta configuração desliga toda a actividade sem fios com um interruptor. Assim, se estiver a voar e lhe disserem para desligar tudo sem fios, pode fazê-lo com um interruptor.

Finalmente, Mais configurações de ligação é para fazer algumas ligações sem fios numa rede privada. Isto não é algo que um utilizador principiante precisaria de fazer, e não o vou cobrir, pois o objectivo deste livro é mantê-lo ridiculamente simples. Também se pode configurar aqui a impressão sem fios e os alertas de emergência sem fios.

SOM S E VIBRAÇÃOS

Há um botão de volume na lateral do seu telefone, então porque é que precisa de abrir uma configuração para ele?! Esta configuração permite-lhe ser mais específico sobre o seu volume.

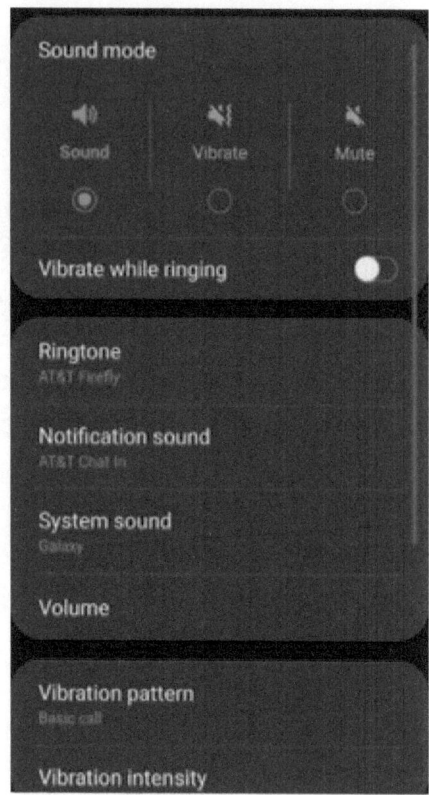

Por exemplo, pode querer que o seu alarme toque super alto de manhã, mas quer que a sua música toque muito baixo.

Também pode utilizar estas definições para ajustar a intensidade das vibrações.

NOTIFICAÇÃO S

Notificações são aqueles pop-ups que lhe dão alertas como novas mensagens de texto ou emails. Na configuração de notificação pode desligá-las para algumas aplicações enquanto as deixa ligadas para outras. Também pode activar o modo Não perturbar, que silenciará todas as notificações.

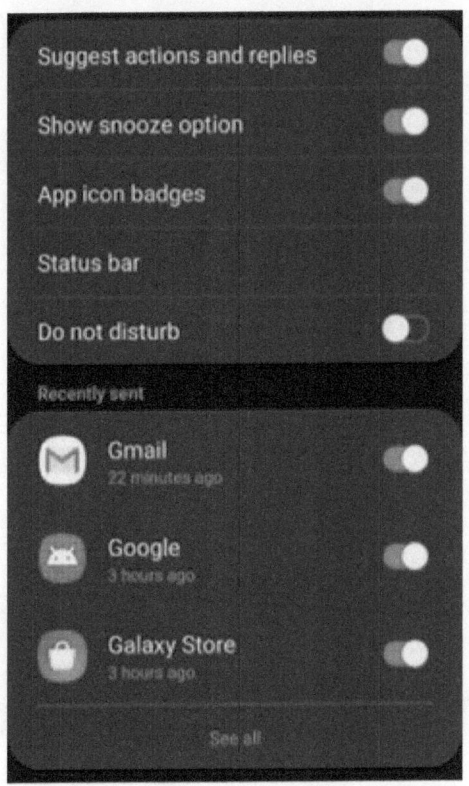

MOSTRAR

Tal como em muitas das configurações, quase todas as principais características da configuração de Visualização podem ser alteradas fora da aplicação (nas notificações drop-down, por exemplo).

É aqui que será capaz de ligar o modo escuro, ajustar o brilho, ligar o brilho adaptativo, ajustar a taxa de actualização, e ligar e desligar a luz azul.

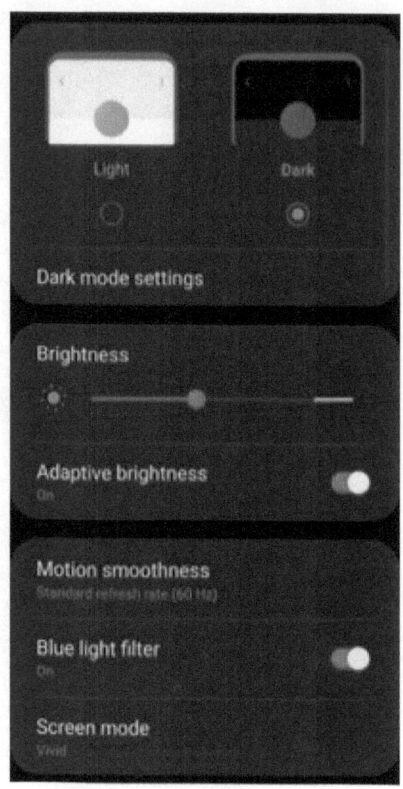

WIDGET DE BATERIA

Se tiver vários dispositivos Samsung (como os Galaxy Buds, S Pen, Galaxy Watch, etc.), o widget de bateria pode ajudá-lo a acompanhar a duração da bateria de cada dispositivo.

Battery

📱 Galaxy S23 Ultra	▬▬▬▬	53%
✏ S Pen	▬▬▬▬▬	100%

A adição do widget é muito simples:
- Toque e mantenha no ecrã inicial, depois seleccione Widgets.
- Toque na seta para baixo ao lado do widget Bateria.
- Verá dois estilos diferentes: círculos e vista de lista; toque naquele que deseja exibir.
- O widget de bateria irá agora mostrar todos os dispositivos ligados.
- Pode ir para as suas definições de widget para alterar o que exibe e também ajustar a cor.

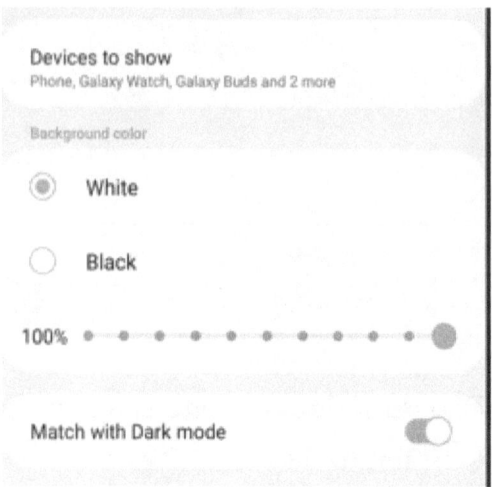

MONITOR DE CAMINHADAS

Caminha e manda mensagens? O seu telefone pode dizer-lhe! Entre no Bem-estar Digital, depois toque no monitor de caminhadas; não só rastreia o seu tempo de caminhada, mas também a frequência com que está a usar o telefone enquanto caminha. Cuidado com essa parede!

WALLPAPER / TEMAS

Estou a juntar estes dois cenários porque falámos sobre cada um deles na secção sobre a alteração do seu tema e papel de parede. Não há aqui nenhuma configuração extra.

ECRÃ INICIAL

É aqui que se ajusta a disposição da grelha (como os ícones são organizados e escondem várias aplicações).

ECRÃ DE BLOQUEIO

Quando o seu telefone está em standby e o levanta: esse é o seu ecrã de bloqueio. É o ecrã que vê antes de o desbloquear e chegar ao seu ecrã inicial.

As configurações aqui mudam o que aparece lá; também pode ajustar a sua configuração de fechadura - se, por exemplo, tiver uma identificação facial e quiser alterá-la para uma identificação de pino.

ESCONDER O CONTEÚDO DO ECRÃ DE BLOQUEIO

O ecrã de bloqueio é onde vai passar muito tempo; ajuda-o a saber se há conteúdo que vale a pena desbloquear o seu telefone para ver novos e-mails, mensagens, etc. Mas também pode começar a exibir demasiado conteúdo. Se achar que o seu ecrã de bloqueio está desorganizado com informação, então é altura de entrar nas suas definições e esconder conteúdo.

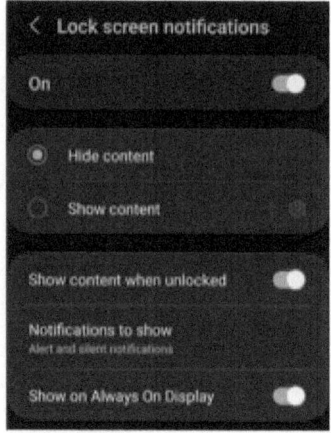

Para utilizar esta funcionalidade, abra as definições do seu telefone e depois vá a Notificações; toque em "Bloquear notificação no ecrã". Não verá todas as opções sobre como deseja que o conteúdo seja exibido (ou não exibido).

ROTINAS

As rotinas são o que costumava ser conhecido como Bixby Routines. Permite-lhe adicionar diferentes modos para o que faz. Pode, por exemplo, ter um modo de Trabalho que tem um papel de parede definido e configurações diferentes; ou um modo de Sono que desliga as notificações.

Pode aceder a eles em Definições > Modos e Rotinas.

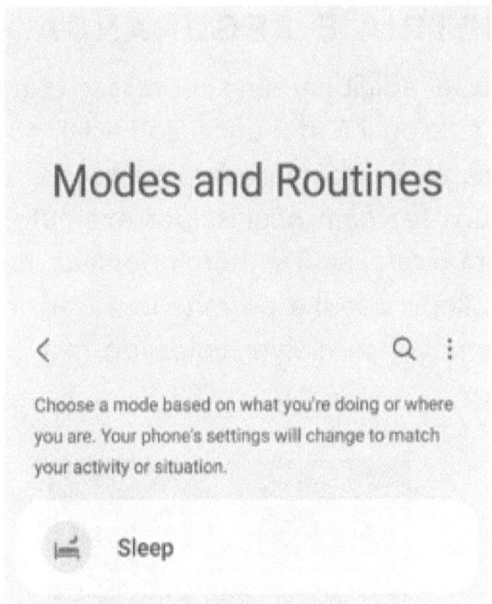

As rotinas estão no fundo; ao tocar na aba, poderá acrescentar uma nova rotina. As rotinas permitem-lhe adicionar gatilhos para quando faz as coisas. Por exemplo, pode definir uma rotina para Quando o nível da sua bateria estiver a 5%, ligue o modo de poupança de energia.

CHAMADA DE TEXTO BIXBY

A IA fez grandes melhorias, e isto está claro com a Chamada de Texto Bixby. Esta configuração permite que o seu telefone atenda chamadas por si; é óptimo para bloquear SPAM. Para o experimentar, vai querer ir para as suas definições de chamada, depois chamada de Texto Bixby; a partir daqui pode ligar e desligar e ajustar as definições.

BIOMETRIA E SEGURANÇA

Se quiser adicionar uma impressão digital ou uma pessoa adicional à Identificação Facial, pode fazê-lo neste menu. Também pode actualizar a sua própria - se não o fez com óculos, por exemplo, então vá aqui para o refazer. Também pode alternar em Find My Mobile, o que lhe permite localizar onde está o seu telemóvel se o tiver colocado mal ou deixado para trás.

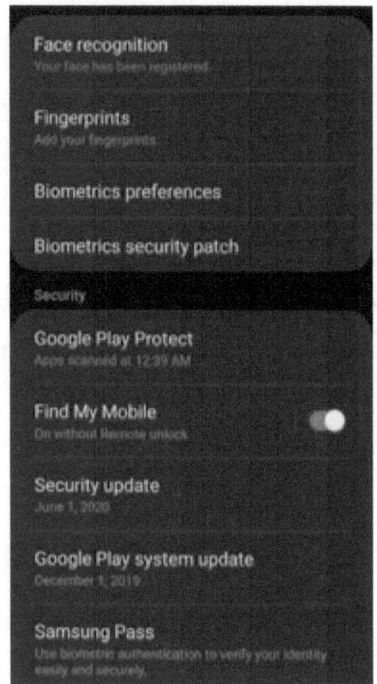

PRIVACIDADE

Como Localização Controlo (coberto abaixo), Privacidade obteve uma grande actualização no

Android 10. É tão grande, que agora preenche uma secção inteira nos cenários.

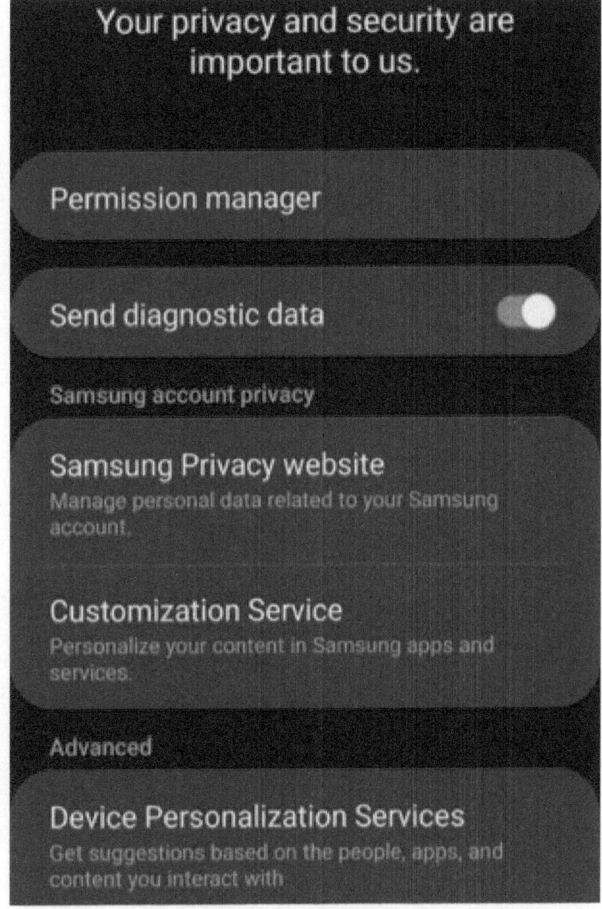

A maior actualização é a capacidade de personalizar que aplicações vêem o quê; já não é tudo ou nada. É possível refinar exactamente quanto ou quão pouco cada aplicação pode ver.

Toque em Permissões como um exemplo do que pode controlar.

LOCALIZAÇÃO

No passado, Localização O controlo era uma característica de tudo ou nada - você decidiria se uma aplicação podia vê-lo a toda a hora ou a nenhuma hora. Isso é bom para a privacidade, mas não é bom para quando precisa realmente de alguém para saber a sua localização - como quando é apanhado por uma aplicação de boleia como Lyft. O novo SO Android acrescenta uma nova opção para quando estiver a utilizar a aplicação. Assim, por exemplo, uma aplicação de boleia só pode ver a sua localização enquanto está a utilizar a aplicação; uma vez terminada a boleia, eles já não podem ver o que está a fazer.

CONTAS & CÓPIAS DE SEGURANÇA

Se tiver mais do que uma conta Google, pode tocar nisto para a adicionar. Se quiser remover a sua conta corrente, toque nela e toque em Remove-remember, no entanto, pode ter mais do que uma conta. Não a remova apenas para que possa adicionar outra.

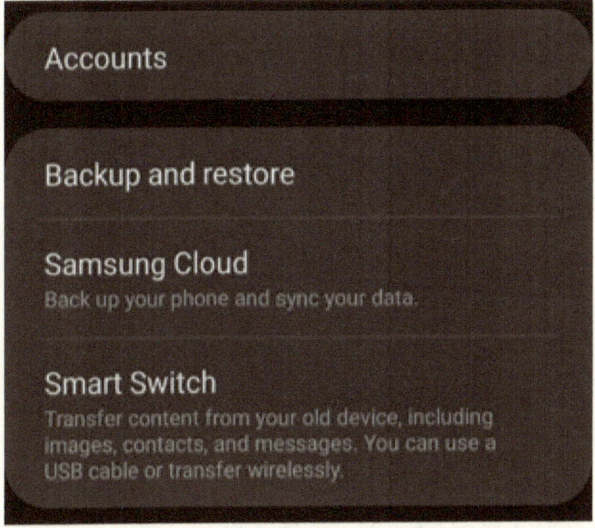

Pode também vir aqui para fazer uma cópia de segurança do seu telefone. É bom fazê-lo uma vez por mês mais ou menos, mas definitivamente quer fazê-lo antes de mudar para um novo aparelho.

GOOGLE

Google é onde irá para gerir qualquer dispositivo Google ligado ao seu telefone. Se estiver a utilizar um relógio Google, por exemplo, ou um Chromecast.

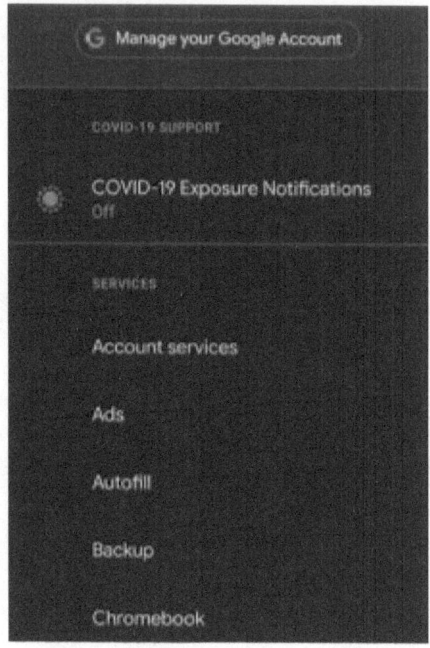

CARACTERÍSTICAS DO ADVANCED

A maioria das características em Características Avançadas são exactamente o que soam: Avançadas. São características que os utilizadores principiantes provavelmente nunca utilizarão. Coisas como as funcionalidades de gravação de imagens e a redução de animações.

Há aqui um importante. Uma que recomendo a todos que utilizem: Chave lateral.

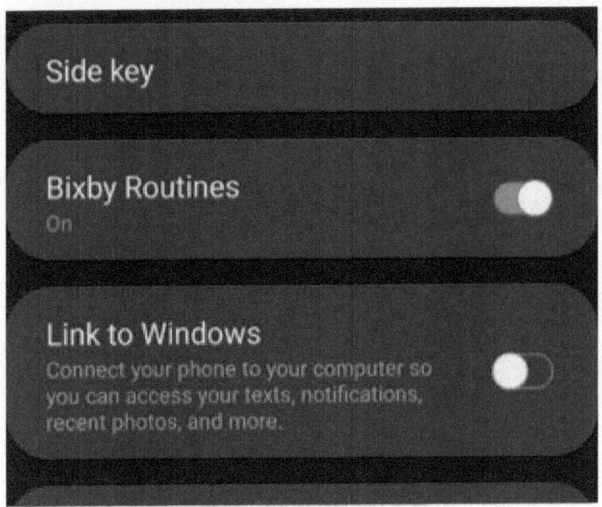

A chave lateral é aquele botão abaixo do volume. Neste momento, se a mantiver premida, vai para Bixby. Bixby não é a característica mais popular da Samsung. Algumas pessoas gostam dele - muitas não gostam. Se quiser mudar esse botão para desligar o seu telefone, em vez disso, clique nisso.

Quando se toca duas vezes no botão, lança a câmara. Também pode actualizá-la.

BEM-ESTAR DIGITAL E CONTROLO PARENTAL

Bem-estar digital é a minha característica menos favorita no telefone Samsung; agora quando a minha mulher diz: "Passas demasiado tempo ao telefone" - ela pode realmente prová-lo! O objectivo do cenário é ajudá-lo a gerir melhor o seu tempo. Permite-lhe saber que passa 12 horas por dia a actualizar as suas redes sociais com memes de gatos, e "esperançosamente" faz-lhe sentir que talvez não o deva fazer.

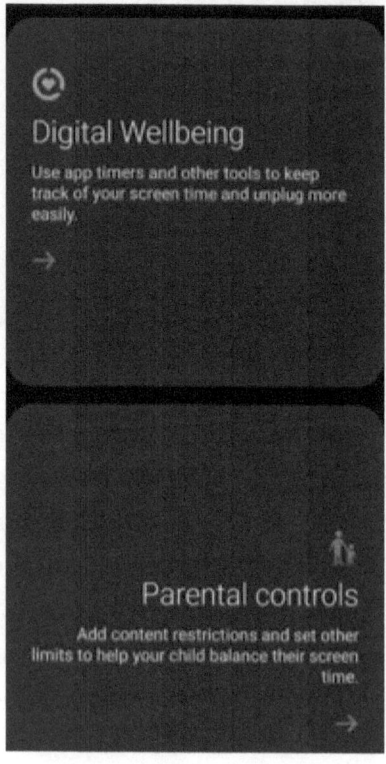

Se tiver filhos a usar o seu telefone, é aqui que também pode estabelecer o controlo parental.

CUIDADOS COM A BATERIA E OS DISPOSITIVOS

A Samsung tenta tornar simples o tratamento do seu telefone. Com um clique (o azul Optimizar agora), pode ter o seu telefone digitalizado e quaisquer aplicações problemáticas serão fechadas.

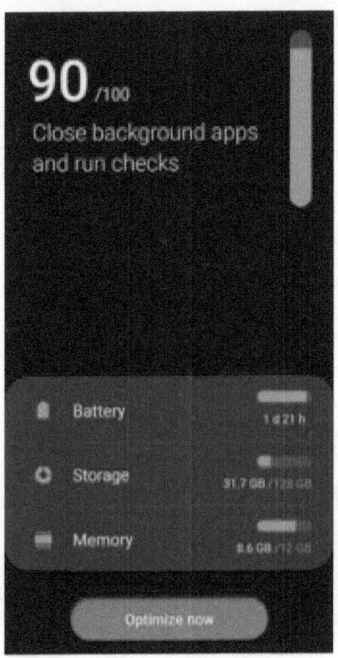

Também se pode tocar em qualquer uma das três secções: Bateria, armazenamento, e memória.

A configuração da bateria tem mais a ver com análise do que com configurações que se podem alterar. Há aqui algumas definições que pode editar - pode colocar o seu telefone em modo de poupança de bateria, por exemplo. Esta configuração é mais útil se a sua bateria estiver a esgotar-se demasiado depressa; ajuda-o a resolver problemas para que possa obter mais vida útil do seu telefone.

Quando receber o seu telefone pela primeira vez, o armazenamento não será um grande problema, mas assim que começar a tirar fotografias (que são maiores do que pensa) e a instalar aplicações, vai ser muito rápido.

A configuração de armazenamento ajuda-o a gerir isto. Mostra-lhe o que está a ocupar o armazenamento, para que possa decidir se quer apagar coisas. Basta tocar em qualquer uma das subsecções e seguir as instruções sobre o que fazer para poupar espaço.

APPS

Cada aplicação que descarrega tem diferentes configurações e permissões. Uma aplicação de mapa, por exemplo, precisa da sua permissão para saber a sua localização. Pode ligar e desligar estas permissões aqui. Será que isso é realmente importante? Os criadores de aplicações não podem abusar dela, certo? Mais ou menos. Aqui está um exemplo: há alguns meses atrás, uma popular aplicação de partilha de mapas fez manchetes porque queria saber onde estavam os passageiros depois de deixarem o passeio, para que pudessem promover diferentes restaurantes e lojas e ganhar ainda mais dinheiro. Muitos sentiram que isto era simultaneamente ganancioso e uma invasão de privacidade; se for da última posição, então poderia entrar aqui e deixar de partilhar a sua localização.

Como? Basta tocar em Advanced e depois olhar para todas as permissões que está a dar. Vá para a permissão que lhe interessa e mude a aplicação de on para off.

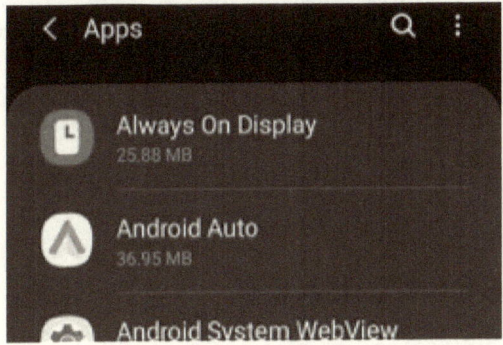

GESTÃO GERAL

A gestão geral é onde se vai para alterar a língua e a data/hora; o mais importante aqui, no entanto, é Reiniciar. É aqui que pode fazer um reset completo de fábrica do seu telefone.

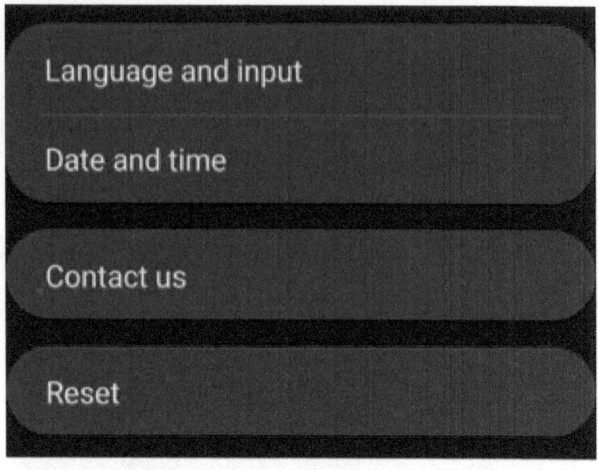

ACESSIBILIDADE

Odeia telefones porque o texto é demasiado pequeno, as cores estão todas erradas, não consegue ouvir nada? Ou algo mais? É aí que a acessibilidade pode ajudar. É aqui que se fazem alterações ao aparelho para facilitar a vida aos olhos ou ouvidos.

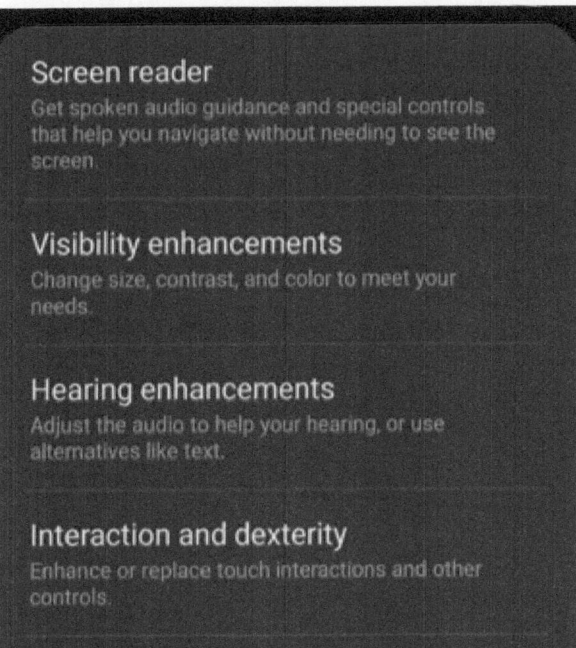

ACTUALIZAÇÃO DE SOFTWARE

É aqui que encontrará informações gerais sobre o seu telefone, tais como o SO que está a utilizar, o tipo de telefone que possui, endereço IP, etc. É mais um FYI, mas há aqui algumas configurações que pode alterar.

DICAS E APOIO

Isto não é realmente um cenário. É apenas dicas e apoio. Também pode falar com apoio aqui.

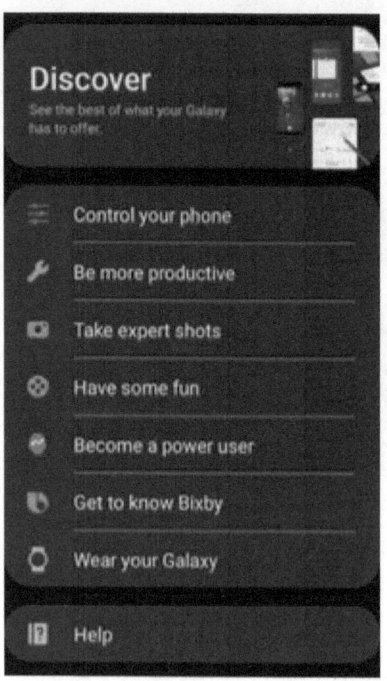

SOBRE O TELEFONE

É aqui que encontrará informações gerais sobre o seu telefone. Tais como o SO que está a utilizar, o tipo de telefone que tem, endereço IP, etc. É mais um FYI, mas há aqui algumas configurações que pode alterar.

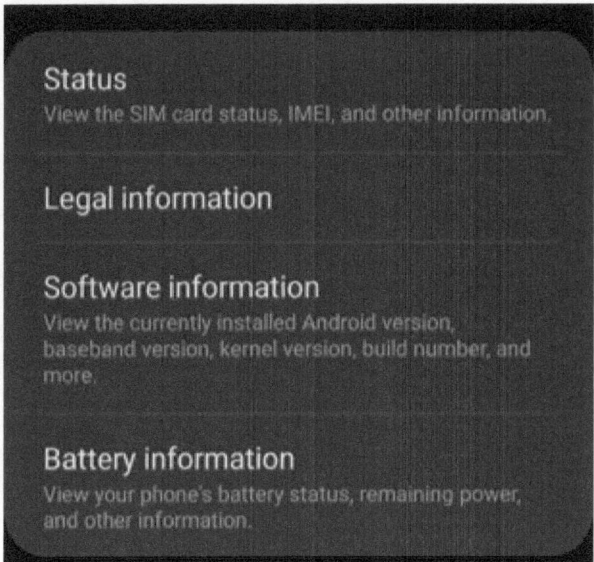

ÍNDICE

A

Acessibilidade103., 181, 203
Acrescentar ecrãs57
Endereço Bar131
Android 10103, 193
    Autorotate23

B

    Backup196
    Bateria200
Biometria181 ...., 192
Bixby27.........................., 198
Bluetooth21........, 23, 29, 182

C

Câmara20 ., 66, 73, 135, 136, 138, 175, 175, 177, 178
Modos de câmara138
Crómio20........., 66, 130, 131

D

    Cuidados do dispositivo199
Bem-estar digital181 ...., 198
Instruções de Condução96

E

Barra de Bordo39

Edição de fotos149
Edição de Vídeos163
Email128................, 129, 130
Emoji86...................., 87, 175

F

Favoritos Bar17........., 18, 82
Lanterna21 .... , 23

G

Galeria53 ...., 73, 169, 170
GIF44................, 88, 164, 170
    Grupos76

H

Configurações do ecrã
    .... inicial58

I

Internet2......, 20, 23, 53, 112, 113, 128, 128, 130, 131, 182, 184

L

Live Caption103 .... , 104
Live Captioning103
Localização24., 91, 181, 193, 195
Ecrã de bloqueio190

M

Fazer chamadas67 ...., 78
Mensagens66 ...., 82
   Multitarefa35

N

NFC26............................, 182
Notificação Bar17
Notificações17., 20, 181, 185

P

   Panorama144
Configuração do ..telefone80
Play Store66 , 93, 94, 96, 130
   PowerShare28
Privacidade181 ...., 193
Pro Vídeo143

R

Taxa de Actualização105

Remover App95

S

Samsung Daily55 ...., 56
Samsung Kids108 ...., 110
Definições32 .., 80, 103, 106, 129, 134, 180
   Atalhos47
   Actualização de software203
Sons e Vibração184

T

Temas54................, 181, 189

V

Vídeo92., 139, 146, 167, 169

W

Wallpaper52 ...., 181, 189
Widgets17 ...., 47, 49, 52

SOBRE O AUTOR

Scott La Counte é um Designer e escritor UX. O seu primeiro livro, *Quiet, Please: Dispatches from a Public Librarian* (Da Capo 2008) foi a escolha do editor para o Chicago Tribune e um título Discovery para o Los Angeles Times.

Escreveu dúzias de guias de boas vendas de produtos tecnológicos.

Ele ensina UX Design for U.C. Berkeley.

Pode ligar-se a ele em ScottDouglas.org.

www.ingramcontent.com/pod-product-compliance
Lightning Source LLC
Chambersburg PA
CBHW031532210526
45464CB00020B/1652